成績が上がる！

10歳《さい》からの
脳《のう》タイプ別《べつ》勉《べん》強《きょう》法《ほう》

脳の学校 代表
加藤俊徳

世界文化社

もくじ

この本《ほん》を読《よ》む子《こ》どもたちへ

頭《あたま》がよくなる言葉《ことば》「自分《じぶん》の脳《のう》はすごい！」

この本《ほん》では、学校《がっこう》や塾《じゅく》では教《おし》えてくれない勉強法《べんきょうほう》を教《おし》えます。

もっともかんたんなやり方《かた》で頭《あたま》がよく働《はたら》くようになる、自分《じぶん》の脳《のう》をすごくする方法《ほうほう》です。


まず、勉強《べんきょう》を始《はじ》める前《まえ》に、次《つぎ》のことをやってみましょう。

両手《りょうて》を広《ひろ》げて、頭《あたま》の左右《さゆう》をそっとおおい、ゆっくり3回《かい》くり返《かえ》して言《い》ってみましょう。

1回目《かいめ》、「自分《じぶん》の脳《のう》はすごい！」

2回目《かいめ》、「自分《じぶん》の脳《のう》はすごい！」

3回目《かいめ》、「自分《じぶん》の脳《のう》はすごい！」


家《いえ》にいるときなら、立《た》って、声《こえ》に出《だ》して言《い》ってみましょう。

学校《がっこう》や塾《じゅく》なら、授業《じゅぎょう》やテストを受《う》ける前《まえ》に、静《しず》かに座《すわ》って、声《こえ》に出《だ》さずに、頭《あたま》の中《なか》で言《い》ってみましょう。

すると、きみの体《からだ》の一部《いちぶ》である脳《のう》は、きみのためにすごい働《はたら》きをやり始《はじ》めます。脳《のう》は、自分《じぶん》でかわいがればかわいがるほど、どんどん成長《せいちょう》して元《げん》気《き》になりパワーが出《で》てくるのです。きみが毎日《まいにち》、自分《じぶん》の脳《のう》に向《む》かって、「いいね」と、ほめる言葉《ことば》をかけると、脳《のう》は「わかったよ。こっちもきみに、もっともっと協力《きょうりょく》して、がんばるよ」と反応《はんのう》してくれます。

これが、わたしの頭《あたま》がよくなる脳《のう》のお手入《てい》れ方法《ほうほう》です。


わたしはこれまで1万人《まんにん》以上《いじょう》の脳《のう》を診断《しんだん》して、治療《ちりょう》してきました。治療《ちりょう》といっても、脳《のう》の病気《びょうき》だけではありません。小学生《しょうがくせい》の学校《がっこう》の成績《せいせき》をアップさせる方法《ほうほう》を教《おし》えたり、有名《ゆうめい》私立《しりつ》中学校《ちゅうがっこう》への受験《じゅけん》勉強《べんきょう》も指導《しどう》して、みんなの夢《ゆめ》を手助《てだす》けしてきました。

ひとりひとり脳《のう》には個性《こせい》があります。その結果《けっか》、点数《てんすう》が取《と》れる教科《きょうか》と取《と》りにくい教科《きょうか》が出《で》てきます。

でも、体《からだ》をきたえるように、脳《のう》をきたえられます。

脳《のう》の特《とく》ちょうや個性《こせい》に合《あ》わせた勉強《べんきょう》方法《ほうほう》を身《み》につけると、自分《じぶん》の脳《のう》がどんどん働《はたら》くようになり、毎日《まいにち》が楽《たの》しくなります。

脳《のう》の学校《がっこう》代表《だいひょう》・小児科《しょうにか》専門医《せんもんい》・医学《いがく》博士《はくし》
加藤《かとう》　俊徳《としのり》

はじめに

脳《のう》から攻略《こうりゃく》！ 得意《とくい》・苦手《にがて》の分《わ》かれ道《みち》

それは、脳《のう》が働《はたら》いているか、いないかのちがいだよ。

脳《のう》？

だれ？？

脳《のう》は人間《にんげん》の頭《あたま》の中《なか》にある、とってもふしぎな器官《きかん》だよ。

はじめまして、加藤俊徳《かとうとしのり》です。子《こ》どもから大人《おとな》まで、脳《のう》のトレーニング法《ほう》を開発《かいはつ》しているよ。この本《ほん》では、脳《のう》の特《とく》ちょうや個性《こせい》に合《あ》わせた勉強法《べんきょうほう》を伝《つた》えていきます。

…とはいっても、頭《あたま》の中《なか》はちょっとイメージしづらいよね。見《み》に行《い》ってみようか！

パカッ

ふしぎがいっぱい！

脳《のう》番《ばん》地《ち》マップ

脳《のう》の中《なか》にはとてもたくさんの神経細胞《しんけいさいぼう》があって、同《おな》じ働《はたら》きごとにグループをつくっているよ。先生《せんせい》は、そのグループを８つに分《わ》けて、脳番地《のうばんち》と呼《よ》んでいるよ。

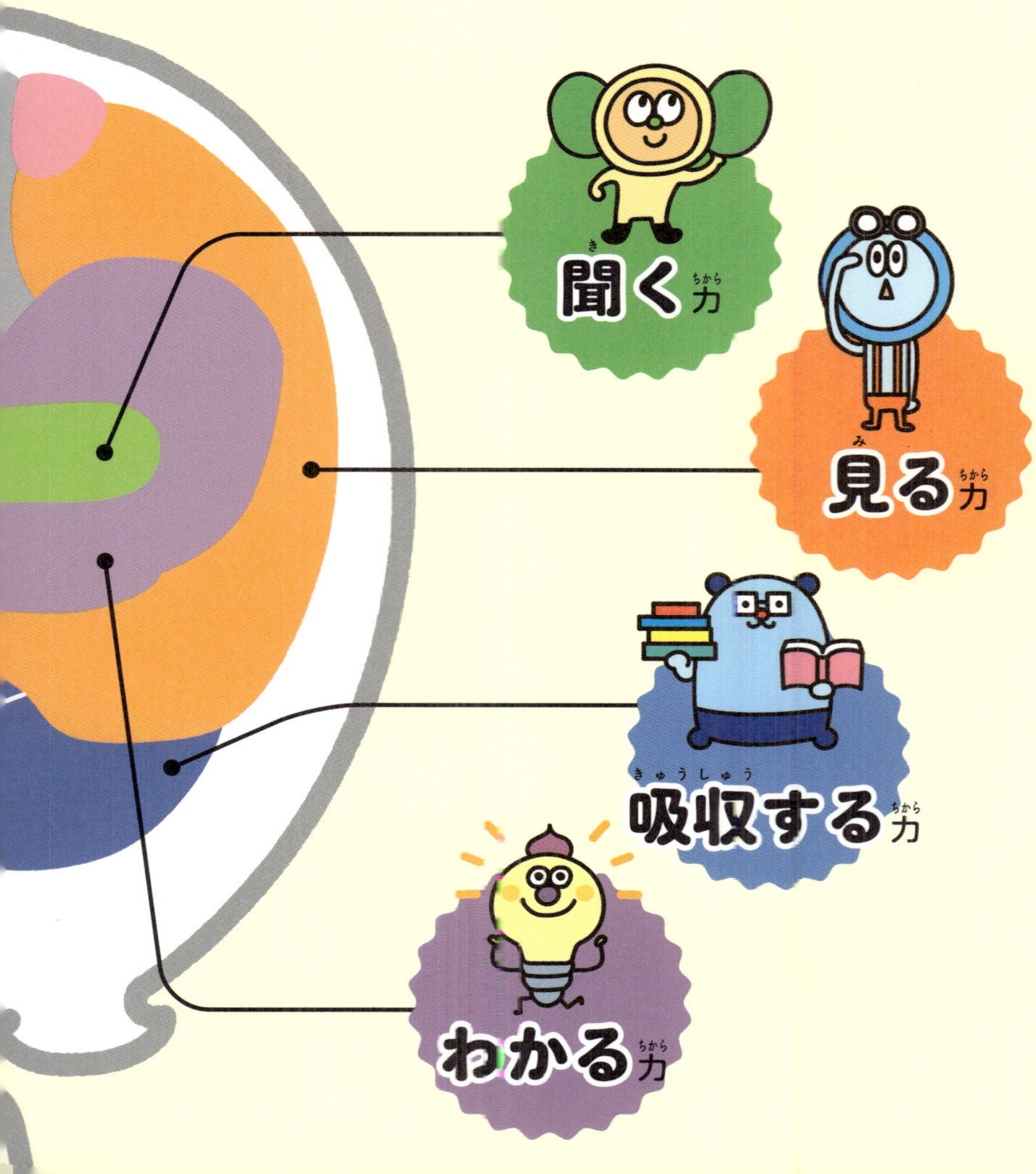

脳《のう》の中《なか》って地図《ちず》みたいに表《あらわ》せるんだね。

8つの力《ちから》で脳《のう》を表《あらわ》しているのは、脳《のう》のことをくわしく知《し》らなくても、その力《ちから》をどう働《はたら》かせたらいいか、イメージしやすくなるからなんだ。

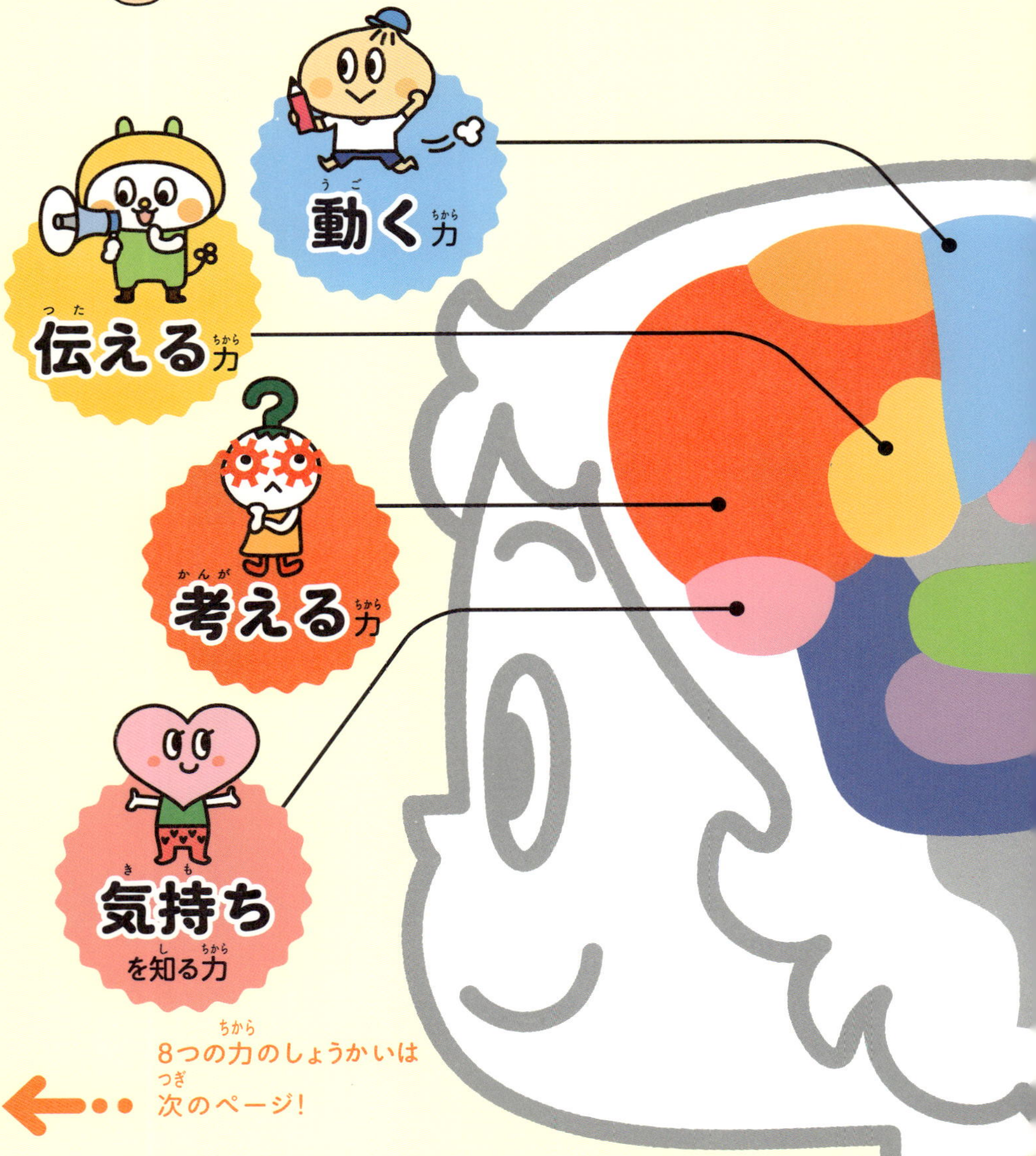

動《うご》く力《ちから》
伝《つた》える力《ちから》
考《かんが》える力《ちから》
気持《きも》ちを知《し》る力《ちから》

8つの力《ちから》のしょうかいは
次《つぎ》のページ!

8つの脳番地《のうばんち》のすごい力《ちから》

8つの脳番地《のうばんち》が、それぞれどんな働《はたら》きをしているか見《み》てみよう。
勉強中《べんきょうちゅう》は、これらの力《ちから》が協力《きょうりょく》しながら働《はたら》いているよ。

動《うご》く力《ちから》の脳番地《のうばんち》

体《からだ》を動《うご》かす働《はたら》きをする。走《はし》ったり、字《じ》を書《か》いたりしゃべる動《うご》きもこの力《ちから》が担当《たんとう》するよ。

聞《き》く力《ちから》の脳番地《のうばんち》

耳《みみ》で言葉《ことば》や音楽《おんがく》、その他《ほか》の音《おと》を聞《き》く働《はたら》きをするよ。

伝《つた》える力《ちから》の脳番地《のうばんち》

しゃべったり、ジェスチャー（身《み》ぶり手《て》ぶり）で、他《ほか》の人《ひと》に伝《つた》える働《はたら》きをするよ。

見《み》る力《ちから》の脳番地《のうばんち》

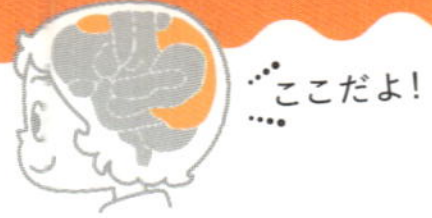

目《め》で見《み》る働《はたら》きをする。後《うし》ろの部《ぶ》分《ぶん》はふつうに見《み》るとき、前《まえ》はよく見《み》るときに使《つか》うよ。

それぞれの脳番地《のうばんち》は、活発《かっぱつ》に動《うご》いているところもあれば、まだねむっているところもあるよ。そのちがいが、それぞれの人《ひと》の個性《こせい》なんだ。

考《かんが》える力《ちから》の脳番地《のうばんち》

考《かんが》えたり決《き》めたりする働《はたら》きを担《たん》当《とう》。勉強《べんきょう》の集中力《しゅうちゅうりょく》を高《たか》めるのもこの力《ちから》が担当《たんとう》するよ。

吸収《きゅうしゅう》する力《ちから》の脳番地《のうばんち》

覚《おぼ》えたり、思《おも》い出《だ》したりする働《はたら》きをするよ。

気持《きも》ちを知《し》る力《ちから》の脳番地《のうばんち》

相手《あいて》の気持《きも》ちを感《かん》じたり、喜《よろこ》ぶ・怒《いか》る・泣《な》く・笑《わら》うなど自分《じぶん》の気《き》持《も》ちをつくり出《だ》す働《はたら》きをするよ。

わかる力《ちから》の脳番地《のうばんち》

見《み》たり聞《き》いたりしたことを整理《せいり》して、理解《りかい》する力《ちから》だよ。

勉強中《べんきょうちゅう》の頭《あたま》の中《なか》をのぞいてみよう

頭《あたま》が働《はたら》いていない

＝８つの力《ちから》がうまく動《うご》いていない

1 時間《じかん》が長《なが》く感《かん》じる

2 よそ見《み》をしたくなる

苦手教科《にがてきょうか》を勉強《べんきょう》しているとき、こんな感《かん》じ。

勉強時間全部《べんきょうじかんぜんぶ》、こんな感《かん》じ。

ほかにも、ぼーっとしてきたり、文句《もんく》を言《い》いたくなったりしたら、頭《あたま》が働《はたら》いていないサインだよ。

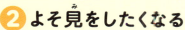

じゃあ、頭《あたま》が働《はたら》いているときって、どんな状態《じょうたい》？

いい質問《しつもん》だね。頭《あたま》がしっかり働《はたら》いているか、それともうまく働《はたら》いていないか、自分《じぶん》で気《き》づくことが、成績《せいせき》を上《あ》げるための第《だい》一歩《ぽ》だよ。

頭《あたま》が働《はたら》いている

＝８つの力《ちから》が協力《きょうりょく》してイキイキ働《はたら》いている

1 集中《しゅうちゅう》していて、時間《じかん》がたつのがはやい

2 たくさんの問題《もんだい》がスラスラ解《と》ける

好《す》きな教科《きょうか》は、あっという間《ま》！もっとやりたくなる！

ぼくはサッカーなら、楽《たの》しいしおもしろい！

ほかにも、姿勢《しせい》がよくなったり、質問《しつもん》をしたくなったりするときは、頭《あたま》が働《はたら》いているよ。

じゃあさ…働《はたら》いていない頭《あたま》を
働《はたら》かせるにはどうしたらいいの？

脳《のう》は、体《からだ》の他《ほか》の部分《ぶぶん》とつながっている。つまり…

体《からだ》を動《うご》かすと、頭《あたま》が働《はたら》く！

歩《ある》いたり走ったりするような運動《うんどう》だけじゃなく、
鉛筆《えんぴつ》を持《も》って手《て》を動《うご》かしたり、声《こえ》を出《だ》すことも、
全部《ぜんぶ》「動《うご》く力《ちから》」が関《かか》わっているよ。

「動《うご》く力《ちから》」が他《ほか》の力《ちから》も引《ひ》っ張《ば》って、
頭全体《あたまぜんたい》が働《はたら》くようになるんだ！

テスト問題《もんだい》が解《と》けないときは頭《あたま》が働《はたら》いていないってこと？

そうだよ。でも、「できない」を「できる」に変《か》えるときが、いちばん頭《あたま》を働《はたら》かせようとしているんだ。つまり、

まちがい直《なお》しは、もっとも頭《あたま》が働《はたら》く！

Aの答《こた》え（解《と》き方《かた》）で×だったから、
Bの答《こた》え（正《ただ》しい解《と》き方《かた》）に変《か》えて、
それを身《み》につけようとしているんだ。

まちがい直《なお》しは、
頭《あたま》がよくなる近道《ちかみち》なんだよ！

勉強《べんきょう》しているのに、成績《せいせき》が上《あ》がらない！

Q

100点満点《てんまんてん》のテスト、自分《じぶん》なら最高《さいこう》で何点《なんてん》取《と》れる？

◀3つの中《なか》から選《えら》んでね。

1 100点満点《てんまんてん》を取《と》れる！

2 80点《てん》くらいのことが多《おお》いから、90点《てん》まで上《あ》げられるかな。

3 いつも平均点《へいきんてん》以下《いか》だしな…せいぜい50点《てん》とか？

答《こた》えは次《つぎ》のページ

A

みんなが100点《てん》満点《まんてん》を取《と》れる！

3つの中《なか》から、きみはどれを選《えら》んだかな。100点満点《てんまんてん》を取《と》れるって思《おも》った人《ひと》も、どうせ自分《じぶん》なんか……って、低《ひく》い点数《てんすう》を答《こた》えた人《ひと》も、100点満点《てんまんてん》のテストなら、みんな満点《まんてん》を取《と》れる可能性《かのうせい》を持《も》っているんだ。

とはいえ、勉強《べんきょう》が苦手《にがて》な人《ひと》は、100点《てん》は遠《とお》すぎてイメージできないかもしれない。これまでに大人《おとな》から「きみにはできないよ」って言《い》われたことがあるかもしれない。でも、他《ほか》の人《ひと》からできないって言《い》われても、そんなことは信《しん》じないでいい。**きみは、できる！　どうしてかっていうと、脳《のう》は一生成《いっしょうせい》**

長《ちょう》し続《つづ》けるし、自分《じぶん》で変《か》えていくことができるんだ。とくに10歳前後《さいぜんご》から、脳《のう》は急激《きゅうげき》に成長《せいちょう》していく。それまでに育《そだ》ってきた聞《き》く・見《み》る・動《うご》く・伝《つた》える力《ちから》を土台《どだい》にして、考《かんが》える力《ちから》など、他《ほか》の力《ちから》もぐんとのびる時期《じき》なんだ。自分《じぶん》の脳《のう》を知《し》り、脳《のう》に合《あ》った学《まな》び方《かた》をすることで、テストの点数《てんすう》を上《あ》げたり受験《じゅけん》に合格《ごうかく》したり、なりたい自分《じぶん》に近《ちか》づくことができるよ。

脳《のう》は自分《じぶん》で変《か》えられる

「脳《のう》は成長《せいちょう》する、変《か》えられる」例《れい》として、おもしろい話《はなし》をひとつするよ。

スポーツ選手《せんしゅ》は毎日《まいにち》体《からだ》を動《うご》かすから「動《うご》く力《ちから》」の脳番地《のうばんち》が発達《はったつ》しているよ。だけど、現役《げんえき》を引退《いんたい》した後《あと》にスポーツ解説者《かいせつしゃ》となって、テレビなどでしゃべる機会《きかい》が増《ふ》えると……MRI《エムアールアイ》という機器《きき》で撮影《さつえい》した脳《のう》の画像《がぞう》を見《み》ると、なんと、「動《うご》く力《ちから》」よりも「伝《つた》える力《ちから》」の脳番地《のうばんち》がぐんと成長《せいちょう》していたんだ。

なぜこんな変化《へんか》が起《お》こるかというと、**脳《のう》は「くり返《かえ》しやること」が「得意《とくい》になる」**特《とく》ちょうを持《も》っているからなんだ。**くり返《かえ》すことで、だれでも何《なん》でも得意《とくい》になるんだよ。**

きみは、どんなことができるようになりたいかな？　自由《じゆう》に考《かんが》えてみよう。

8つの脳番地《のうばんち》は「そうなんだ!」「できた!」が大好《だいす》き

脳《のう》は、新《あたら》しいことを知《し》って「そうなんだ、おもしろい!」という気持《きも》ちになったり、まちがえた問題《もんだい》をやり直《なお》したとき「できた、うれしい!」という気持《きも》ちになるのが、大好《だいす》きなんだ。「好《す》きこそものの上手《じょうず》なれ」という言葉《ことば》を知《し》っているかな? 好《す》きなことは熱心《ねっしん》に、自分《じぶん》でくふうして学《まな》ぶから、上達《じょうたつ》がはやいという意味《いみ》だよ。好《す》きなことだと、頭《あたま》がよく働《はたら》くんだ。

自分《じぶん》の頭《あたま》がよく働《はたら》く、好《す》きなことや得意《とくい》なことから勉強《べんきょう》を始《はじ》めると、どんどん自分《じぶん》の力《ちから》をのばしていけるよ。そのことを、これからこの本《ほん》で伝《つた》えていくね。

その前《まえ》にひとつ、頭《あたま》がよくなるとっておきの方法《ほうほう》をしょうかいしよう。8つの力《ちから》が働《はたら》くおすすめの方法《ほうほう》……それは、おんどくだよ!

頭《あたま》がよくなる！ 最強《さいきょう》おんどく法《ほう》

おんどくは、８つの脳番地《のうばんち》を同時《どうじ》に働《はたら》かせることができる、とっても効率《こうりつ》のいい勉強方法《べんきょうほうほう》なんだ。

国語《こくご》の宿題《しゅくだい》で、毎日《まいにち》のようにやる人《ひと》も多《おお》いかもしれないね。おんどくで頭《あたま》がよくなるなら、もうとっくに天才《てんさい》になってるよ！……って、疑《うたが》う声《こえ》も聞《き》こえてきそうだ。

でも、宿題《しゅくだい》のおんどくを「めんどうくさい」って、**早口《はやくち》だったり、ダラダラ読《よ》んだりしていると、効果《こうか》は出《で》ない**んだ。８つの脳番地《のうばんち》が働《はたら》く読《よ》み方《かた》でおんどくすると、頭《あたま》がよくなるんだよ。

次《つぎ》の２つのやり方《かた》で読《よ》んでみてね。できるかな？

やってみよう！

① 助詞《じょし》強調《きょうちょう》おんどく法《ほう》

「は」「が」などの助詞《じょし》を、
大《おお》きな声《こえ》ではっきり読《よ》んでみよう。
この本《ほん》には、助詞《じょし》にマークがついた文章《ぶんしょう》が登場《とうじょう》するよ。
出《で》てきたら、おんどくしてみよう！

すごい効果《こうか》

自分《じぶん》の声《こえ》を脳《のう》で聞《き》く力《ちから》が強《つよ》くなる！
たくさんの言葉《ことば》を覚《おぼ》えやすくなる！

頭《あたま》は使《つか》えば使《つか》うほどよくなる！

② ゆっくりおんどく法《ほう》

左《ひだり》の文章《ぶんしょう》を、30～40秒《びょう》でおんどくできるかな？　だれか周《まわ》りの人《ひと》に聞《き》いてもらうつもりで、自分《じぶん》がおそいかなと感《かん》じるくらいゆっくり、大《おお》きな声《こえ》で読《よ》んでみよう。ストップウォッチを使《つか》って時間《じかん》を計《はか》ってみてね。

すごい効果《こうか》

お話《はなし》の内容《ないよう》を覚《おぼ》えやすくなる！
時間《じかん》の感覚《かんかく》が身《み》につく！

30～40秒《びょう》

人間《にんげん》の脳《のう》は、右側《みぎがわ》と左側《ひだりがわ》で働《はたら》きがちがいます。子《こ》どものころは、右側《みぎがわ》の働《はたら》きが強《つよ》く、大人《おとな》になるにつれて、左側《ひだりがわ》が強《つよ》くなっていきます。
重《おも》さも変《か》わります。10歳《さい》から18歳《さい》くらいまでの間《あいだ》に、脳《のう》は約《やく》150グラム重《おも》くなります。みんなの脳《のう》は、これからぐんぐん成長《せいちょう》します。

第《だい》1章《しょう》

楽《たの》しく学《まな》べる！
脳《のう》タイプ別勉強法《べつべんきょうほう》

勉強《べんきょう》は、わからないしきらいなんだ…。

Q

勉強《べんきょう》が楽《たの》しくないんだけど、どうしたらいい？

◀3つの中《なか》から選《えら》んでね。

❶ 勉強《べんきょう》は将来《しょうらい》のためにするもの。楽《たの》しくないのは当然《とうぜん》なんだ。

❷ 苦手《にがて》な教科《きょうか》こそ、がんばって勉強《べんきょう》しよう。できることが増《ふ》えて、楽《たの》しくなるよ。

❸ 勉強《べんきょう》は、やると楽《たの》しい、得意《とくい》なことから始《はじ》めよう。

← ●● 答《こた》えは次《つぎ》のページ

A

勉強《べんきょう》は、やると楽《たの》しい、得意《とくい》なことから始《はじ》めよう。

学校《がっこう》では、「苦手《にがて》なことでもがんばるのが大事《だいじ》」って言《い》われることがあるかもしれないね。確《たし》かに、苦手《にがて》でも続《つづ》ければできることが増《ふ》えるし、そのがんばりはとても素晴《すば》らしいことなのだけど、イヤイヤ勉強《べんきょう》してもうまく成績《せいせき》が上《あ》がらなかったり、さらにやる気《き》をなくしてしまうこともあるんだ。

勉強《べんきょう》が苦手《にがて》・きらいという人《ひと》は、まずは「自分《じぶん》の好《す》き・得意《とくい》」なことから始《はじ》めてみよう。脳《のう》は、好《す》き・得意《とくい》なことはたくさんできるし、やりたくなる。たくさんやると、もっと得意《とくい》になるんだ。しかも、脳《のう》にはおもしろい特《とく》ちょうがあって、**自分《じぶん》が得意《とくい》なことの脳番地《のうばんち》が成長《せいちょう》すると、他《ほか》の脳番地《のうばんち》もいっしょに成長《せいちょう》するんだよ。**すると、脳全体《のうぜんたい》の力《ちから》がアップするんだ！　**自分《じぶん》が好《す》き・得意《とくい》なことから始《はじ》めると、できることが増《ふ》えて、苦手《にがて》なこともクリアしやすくなっていく。**これを利用《りよう》しない手《て》はないよね。

君《きみ》の得意《とくい》・強《つよ》みが見《み》つかるよ！

すごい脳《のう》しんだん

←次《つぎ》のページでやってみよう！

君《きみ》の得意《とくい》・強《つよ》みが見《み》つかるよ！

すごい脳《のう》しんだん

文章《ぶんしょう》を読《よ》んで、当《あ》てはまるものに☑を入《い》れてみよう。

動《うご》く力《ちから》

- ☐ ぞうきんをしっかりしぼれる
- ☐ 体育《たいいく》の時間《じかん》が好《す》き
- ☐ じっと座《すわ》っているより歩《ある》くほうが好《す》き
- ☐ 早口言葉《はやくちことば》が得意《とくい》
- ☐ 先生《せんせい》の話《はなし》を聞《き》いたり黒板《こくばん》を見《み》て、ノートに書《か》き写《うつ》すのが得意《とくい》
- ☐ 図工《ずこう》の時間《じかん》が好《す》き

聞《き》く力《ちから》

- ☐ 授業中《じゅぎょうちゅう》、よそ見《み》はしない
- ☐ 遠《とお》くから呼《こ》ばれてもすぐ気《き》がつく
- ☐ 自分《じぶん》で話《はな》すより人《ひと》の話《はなし》を聞《き》くほうが好《す》き
- ☐ にぎやかな場所《ばしょ》が好《す》き
- ☐ 好《す》きな音楽《おんがく》ジャンルがある
- ☐ 楽器《がっき》を習《なら》っている

伝《つた》える力《ちから》

- ☐ 授業中《じゅぎょうちゅう》、手《て》を挙《あ》げて発言《はつげん》する
- ☐ 人前《ひとまえ》で発表《はっぴょう》するのが得意《とくい》
- ☐ 身《み》ぶり手《て》ぶりを使《つか》って話《はな》すことが多《おお》い
- ☐ はずかしいと思《おも》うことはあまりない
- ☐ 相手《あいて》に自分《じぶん》のことをわかってもらえると思《おも》う
- ☐ 自分《じぶん》から友達《ともだち》に話《はな》しかけるタイプだ

見《み》る力《ちから》

- ☐ まちがい探《さが》しやパズルが得意《とくい》
- ☐ 絵《え》を見《み》ることやかくことが好《す》き
- ☐ 室内《しつない》より外《そと》で遊《あそ》ぶことが多《おお》い
- ☐ 歩《ある》くときに他《ほか》の人《ひと》にぶつかることはあまりない
- ☐ 映画《えいが》やドラマをよく見《み》る
- ☐ 本《ほん》を読《よ》むのが好《す》き

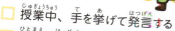

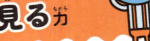

←… しんだん結果《けっか》は次《つぎ》のページを見《み》てね。

考《かんが》える力《ちから》

- □ 食《た》べたいものがすぐに決《き》まる
- □ 少《すこ》し知《し》ると、もっと知《し》りたくなる
- □ 目標《もくひょう》や夢《ゆめ》がある
- □ 何《なに》かをやり始《はじ》めると夢中《むちゅう》になる
- □ はじめてのことに挑戦《ちょうせん》するのが好《す》き
- □ 図書館《としょかん》によく行《い》く

吸収《きゅうしゅう》する力《ちから》

- □ 学校《がっこう》であったできごとを家《いえ》の人《ひと》によく話《はな》す
- □ 前日《ぜんじつ》の給食《きゅうしょく》のこんだてをすぐに言《い》える
- □ 小《ちい》さいころのことをよく思《おも》い出《だ》す
- □ 約束《やくそく》の時間《じかん》におくれることはない
- □ 決《き》まった時間《じかん》にねて、起きられる
- □ 前日《ぜんじつ》に出《で》かける準備《じゅんび》をすませられる

気持《きも》ちを知《し》る力《ちから》

- □ 友達《ともだち》と仲《なか》よくできる
- □ 「めんどうくさい」と言《い》うことはあまりない
- □ テレビを見《み》ていて泣《な》くことがよくある
- □ ドキドキワクワクすることがよくある
- □ 日記《にっき》や作文《さくぶん》を書《か》くのが好《す》き
- □ 「ありがとう」とよく言《い》う

わかる力《ちから》

- □ 学校《がっこう》の道具箱《どうぐばこ》や自分《じぶん》の部屋《へや》はいつも片付《かたづ》いている
- □ お手伝《てつだ》いが好《す》き
- □ ニュース番組《ばんぐみ》を見《み》て内容《ないよう》がわかる
- □ わからないことはそのままにせず、調《しら》べたり人《ひと》に聞《き》いたりする
- □ 大人《おとな》と話《はな》すのが好《す》き
- □ 先生《せんせい》の言《い》うことをよく聞《き》く

脳《のう》しんだん結果《けっか》

それぞれチェックがついた数《かず》を、線《せん》で結《むす》ぼう。

聞《き》く力《ちから》
見《み》る力《ちから》
動《うご》く力《ちから》
伝《つた》える力《ちから》
吸収《きゅうしゅう》する力《ちから》
わかる力《ちから》
考《かんが》える力《ちから》
気持《きも》ちを知《し》る力《ちから》

チェックがたくさんついたところは、自分《じぶん》が得意《とくい》なこと、強《つよ》い力《ちから》。チェックがつかなかったところは、これからのびる力《ちから》だよ！

きみの結果《けっか》はどうだったかな？　どの力《ちから》が強《つよ》くて、どれがこれからのびる力《ちから》だったかな？　グラフ全体《ぜんたい》が丸《まる》くなくて、へこんでいるところが気《き》になる人《ひと》もいるかもしれないね。でも、大事《だいじ》なことだからくり返《かえ》すけど、**「自分《じぶん》の得意《とくい》なこと＝強《つよ》い脳番地《のうばんち》」を先《さき》にのばしたほうが、脳《のう》は成長《せいちょう》する！　自分《じぶん》の強《つよ》みをいかすやり方《かた》を探《さが》す習慣《しゅうかん》が身《み》につくから、どんな課題《かだい》も「こうすればいいんだ！」と、解決法《かいけつほう》が見《み》つかりやすくなって前進《ぜんしん》できるよ。**

まずは自分《じぶん》がいちばん強《つよ》い脳番地《のうばんち》の勉強法《べんきょうほう》をやってみよう。

脳《のう》タイプ別勉強法《べつべんきょうほう》

聞《き》く力《ちから》タイプ ←…34ページ

見《み》る力《ちから》タイプ ←…36ページ

動《うご》く力《ちから》タイプ ←…38ページ

伝《つた》える力《ちから》タイプ ←…40ページ

吸収《きゅうしゅう》する力《ちから》タイプ ←…42ページ

わかる力《ちから》タイプ ←…44ページ

考《かんが》える力《ちから》タイプ ←…46ページ

気持《きも》ちを知《し》る力《ちから》タイプ ←…48ページ

「聞《き》く力《ちから》」が強《つよ》いタイプ

聞《き》いて覚《おぼ》えるのが得意《とくい》。授業《じゅぎょう》に集中《しゅうちゅう》しよう！

聞《き》いたことがしっかり頭《あたま》に残《のこ》りやすいのがこのタイプ。**授業《じゅぎょう》中《ちゅう》、先生《せんせい》が話《はな》したことを聞《き》くだけで覚《おぼ》えてしまう**人《ひと》も多《おお》いのでは？「聞《き》く力《ちから》」が強《つよ》いことを生《い》かした勉強法《べんきょうほう》で、効率《こうりつ》よく成績《せいせき》アップさせちゃおう。

教科別《きょうかべつ》 おすすめの勉強法《べんきょうほう》

国語《こくご》	好《す》きな本《ほん》をおんどくしよう
算数《さんすう》	問題文《もんだいぶん》も声《こえ》に出《だ》してみよう
理科《りか》	教科書《きょうかしょ》をおんどくしよう
社会《しゃかい》	年表《ねんぴょう》も声《こえ》に出《だ》しながらだと暗記《あんき》しやすいよ
英語《えいご》	英文《えいぶん》を暗唱《あんしょう》してみよう

やってみよう！

①「勉強前《べんきょうまえ》に聞《き》く1曲《きょく》」を決《き》めよう

「聞《き》く力《ちから》」の脳番地《のうばんち》をしげきすると、勉強《べんきょう》のやる気《き》スイッチが入《はい》るよ！　好《す》きな音楽《おんがく》を1曲流《きょくなが》してから勉強《べんきょう》を始《はじ》めるのがおすすめ。

②授業《じゅぎょう》をしっかり聞《き》こう

聞《き》いたことを覚《おぼ》えるのが得意《とくい》だから、授業《じゅぎょう》に集中《しゅうちゅう》すると、復習時間《ふくしゅうじかん》が少《すく》なくてすむよ！帰宅後《きたくご》すぐに練習問題《れんしゅうもんだい》をくり返《かえ》すと、授業《じゅぎょう》内容《ないよう》がさらに記《き》おくに残《のこ》りやすくなるよ。

明日、先生に
聞いてみよう
解説

③とにかく声《こえ》に出《だ》してみよう

自分《じぶん》で声《こえ》に出《だ》してそれを耳《みみ》で聞《き》くことで、覚《おぼ》えるだけでなく、理解《りかい》もしやすくなるよ。わからないところが出《で》てきたら、質問《しつもん》して先生《せんせい》に口頭《こうとう》で説明《せつめい》してもらうのもいいね。

脳《のう》タイプ別《べつ》勉《べん》強《きょう》法《ほう》

「見《み》る力《ちから》」が強《つよ》いタイプ

見《み》て覚《おぼ》えるのが得意《とくい》。図《ず》や絵《え》、写真《しゃしん》を活用《かつよう》しよう！

目《め》で得《え》た情報《じょうほう》についての理解《りかい》が早《はや》く、見《み》たことがしっかり頭《あたま》に残《のこ》りやすいのがこのタイプ。**話《はなし》を聞《き》くより教科書《きょうかしょ》を読《よ》んで覚《おぼ》えるのが得意《とくい》**かもしれないね。文字《もじ》だけでなく、図《ず》や絵《え》、写真《しゃしん》がたくさんある本《ほん》を活用《かつよう》しよう。

教科別《きょうかべつ》 おすすめの勉強法《べんきょうほう》

国語《こくご》	登場人物《とうじょうじんぶつ》の動《うご》きを頭《あたま》の中《なか》でイメージしよう
算数《さんすう》	文章題《ぶんしょうだい》は図《ず》にすると理解《りかい》しやすいよ
理科《りか》	実験《じっけん》の様子《ようす》を図《ず》にしてみよう
社会《しゃかい》	写真《しゃしん》や絵《え》が多《おお》い本《ほん》を使《つか》って勉強《べんきょう》しよう
英語《えいご》	英文《えいぶん》を見《み》てから声《こえ》に出《だ》すことを習慣《しゅうかん》にしよう

やってみよう！

1 勉強前《べんきょうまえ》に好《す》きな図鑑《ずかん》を見《み》よう

勉強《べんきょう》を始《はじ》める前《まえ》に好《す》きな絵本《えほん》や図鑑《ずかん》を見《み》て、「見《み》る力《ちから》」の脳番地《のうばんち》をしげきすると、スムーズに勉強《べんきょう》をスタートしやすいよ。図《ず》や絵《え》、写真《しゃしん》がたくさん入《はい》った参考書《さんこうしょ》もおすすめ。

2 授業前《じゅぎょうまえ》に教科書《きょうかしょ》を読《よ》んでおこう

「見《み》る力《ちから》」が強《つよ》い人《ひと》は、音《おと》を聞《き》いただけで授業内容《じゅぎょうないよう》を覚《おぼ》えることは、あまり得意《とくい》ではないかもしれないね。授業前《じゅぎょうまえ》に予習《よしゅう》しておくと、先生《せんせい》の話《はなし》が理解《りかい》しやすくなるよ。

3「見《み》る＋聞《き》く」勉強《べんきょう》でよくわかる

見《み》る・聞《き》くを同時《どうじ》にできるおんどくで、両方《りょうほう》の力《ちから》が働《はたら》くよ。解説《かいせつ》だけでなく問題文《もんだいぶん》も声《こえ》に出《だ》して読《よ》むことを習慣《しゅうかん》にしてみよう。

脳《のう》タイプ別勉強法《べつべんきょうほう》

「動《うご》く力《ちから》」が強《つよ》いタイプ

勉強前《べんきょうまえ》に体《からだ》を動《うご》かそう！

体《からだ》を動《うご》かす能力《のうりょく》が発達《はったつ》していて、スポーツが好《す》き・得意《とくい》なタイプ。逆《ぎゃく》に、じっといすに座《すわ》って勉強《べんきょう》するのはいやっていう人《ひと》もいるかもしれないね。動《うご》く力《ちから》が強《つよ》い人《ひと》は、**体《からだ》を動《うご》かしながらのほうが、頭《あたま》に入《はい》りやすいんだ。**

教科別《きょうかべつ》 おすすめの勉強法《べんきょうほう》

国語《こくご》	物語文《ものがたりぶん》を読《よ》むときは主人公《しゅじんこう》になりきってみよう
算数《さんすう》	計算問題《けいさんもんだい》をたくさん解《と》こう
理科《りか》	実験《じっけん》や観察《かんさつ》をたくさんやってみよう
社会《しゃかい》	見学《けんがく》で実物《じつぶつ》にふれると興味倍増《きょうみばいぞう》！
英語《えいご》	英語検定《えいごけんてい》に挑戦《ちょうせん》してみよう

やってみよう！

1 勉強《べんきょう》を始《はじ》める前《まえ》にちょっと運動《うんどう》

勉強《べんきょう》を始《はじ》める前《まえ》にその場《ば》でうで立《た》てふせをしたり、ラジオ体操《たいそう》やもも上《あ》げをしたりして、体《からだ》を動《うご》かそう。「動《うご》く力《ちから》」の脳番地《のうばんち》をしげきすると、頭《あたま》が働《はたら》きやすくなるよ！

2 勉強中《べんきょうちゅう》はたくさん手《て》を動《うご》かそう

勉強《べんきょう》するときは、問題集《もんだいしゅう》を解《と》いたり、ノートに書《か》き写《うつ》したりなるべく手《て》を動《うご》かすと、記《き》おくに残《のこ》りやすいよ。実験《じっけん》や見学《けんがく》など、いろいろな体験《たいけん》をするのもおすすめ。

3 持《も》ち前《まえ》の競争心《きょうそうしん》を上手《じょうず》に使《つか》おう

勝負《しょうぶ》ごとが好《す》きで、「できた！」という達成《たっせい》感《かん》をたくさん積《つ》み重《かさ》ねると、勉強《べんきょう》のやる気《き》が続《つづ》きやすいのがこのタイプ。かんたんで、短時間《たんじかん》でできる問題《もんだい》をたくさんやろう。

脳《のう》タイプ別《べつ》勉強法《べんきょうほう》

「伝《つた》える力《ちから》」が強《つよ》いタイプ

勉強《べんきょう》したことをだれかに説明《せつめい》しよう！

友達《ともだち》や家族《かぞく》とおしゃべりするのが得意《とくい》で、話《はな》すことで記《き》おくや理解《りかい》を深《ふか》めるタイプ。動《うご》く力《ちから》が強《つよ》いタイプと同《おな》じく、じっと座《すわ》って勉強《べんきょう》するのは不向《ふむ》き。ディベートや説明《せつめい》など、しゃべることを勉強《べんきょう》に取《と》り入《い》れよう。

教科別《きょうかべつ》 おすすめの勉強法《べんきょうほう》

- **国語《こくご》** あらすじや感想《かんそう》を説明《せつめい》してみよう
- **算数《さんすう》** 問題文《もんだいぶん》を声《こえ》に出《だ》してみよう
- **理科《りか》** 人《ひと》に説明《せつめい》するつもりで実験《じっけん》や観察《かんさつ》をしよう
- **社会《しゃかい》** だれかに見《み》せるつもりでノートをまとめてみよう
- **英語《えいご》** 英会話《えいかいわ》をたくさんしよう

やってみよう！

1 勉強前《べんきょうまえ》に ちょっとおしゃべり

学校《がっこう》でのできごとを家族《かぞく》に話《はな》したりすると、「伝《つた》える力《ちから》」の脳番地《のうばんち》がしげきされて、勉強《べんきょう》もスムーズに始《はじ》めやすい。わからなかったことを質問《しつもん》したり、議論《ぎろん》するのもいいよ。

2 だれかに教《おし》える つもりで勉強《べんきょう》する

勉強中《べんきょうちゅう》はだれかに説明《せつめい》するつもりでノートをまとめたり、勉強後《べんきょうご》は家族《かぞく》に覚《おぼ》えたことを話《はな》したりすると、伝《つた》える力《ちから》だけでなく、覚《おぼ》える力《ちから》やわかる力《ちから》、考《かんが》える力《ちから》も強《つよ》くなるよ。

3 映画《えいが》や物語《ものがたり》に たくさんふれよう

物語《ものがたり》なら会話文《かいわぶん》がたくさん出《で》てくる作品《さくひん》を読《よ》んだり、映画《えいが》や落語《らくご》を聞《き》いてみるなど。言葉《ことば》をたくさん覚《おぼ》えるから、「伝《つた》える力《ちから》」がもっと強《つよ》くなって、勉強《べんきょう》も得意《とくい》になるよ！

脳《のう》タイプ別勉強法《べつべんきょうほう》

「吸収《きゅうしゅう》する力《ちから》」が強《つよ》いタイプ

他《ほか》の力《ちから》と協力《きょうりょく》して もっと記《き》おく力《りょく》アップ！

記《き》おくすることが得意《とくい》なタイプ。見《み》て覚《おぼ》えるほうが得意《とくい》な人《ひと》と、聞《き》いて覚《おぼ》えるほうが得意《とくい》な人《ひと》がいるよ。**「動《うご》く力《ちから》」など、他《ほか》の力《ちから》と協力《きょうりょく》すると、もっと覚《おぼ》えやすくなるよ。**3章《しょう》の暗記法《あんきほう》も参考《さんこう》にしてね。

教科別《きょうかべつ》 おすすめの勉強法《べんきょうほう》

国語《こくご》	好《す》きな本《ほん》をたくさん読《よ》もう
算数《さんすう》	問題文《もんだいぶん》を図《ず》に表《あらわ》してみよう
理科《りか》	どんどん実験《じっけん》しよう
社会《しゃかい》	年表《ねんぴょう》や地図《ちず》などを自分《じぶん》で書《か》いてみよう
英語《えいご》	洋楽《ようがく》を聞《き》いて歌詞《かし》を口《くち》ずさんでみよう

やってみよう！

❶ 1日《にち》20分《ぷん》の暗記《あんき》タイムをつくろう

漢字《かんじ》、英単語《えいたんご》、公式《こうしき》、年表《ねんぴょう》、地名《ちめい》など……覚《おぼ》えられるものは片《かた》っぱしから暗記《あんき》しちゃおう！　たくさん覚《おぼ》えると、わかる力《ちから》や考《かんが》える力《ちから》がのびやすくなるよ。

❷ どんどん先生《せんせい》に質問《しつもん》しよう

積極的《せっきょくてき》に行動《こうどう》することでやる気《き》スイッチが入《はい》るから、覚《おぼ》えたいことがどんどん頭《あたま》に入《はい》っていくよ！

❸ 勉強《べんきょう》したことを、家族《かぞく》や友達《ともだち》に教《おし》えてみよう

自分《じぶん》がどれくらい理解《りかい》できているか、どこを覚《おぼ》えきれていないかが、よくわかるよ。覚《おぼ》えていないこと、わからないことを重点《じゅうてん》的《てき》に勉強《べんきょう》しよう。

脳《のう》タイプ別勉強法《べつべんきょうほう》

「わかる力《ちから》」が強《つよ》いタイプ

興味《きょうみ》を持《も》ったことはどんどん調《しら》べよう！

見《み》たり、聞《き》いたり、感《かん》じたりしたことを、頭《あたま》の中《なか》でまとめて役《やく》に立《た》てることが得意《とくい》なタイプだよ。「なんでだろう？」という疑問《ぎもん》がよくわくタイプでもあるよ。不思議《ふしぎ》だと思《おも》ったことは、どんどん調《しら》べてみよう。

教科別《きょうかべつ》 おすすめの勉強法《べんきょうほう》

国語《こくご》	四字熟語《よじじゅくご》を覚《おぼ》え、その言葉《ことば》で文章《ぶんしょう》をつくってみよう
算数《さんすう》	自分《じぶん》で図《ず》を書《か》きながら図形《ずけい》の問題《もんだい》を解《と》いてみよう
理科《りか》	観察《かんさつ》や実験《じっけん》したことを細《こま》かく絵《え》にかいてみよう
社会《しゃかい》	ニュースをひとつ選《えら》んで感想《かんそう》をまとめてみよう
英語《えいご》	「I《アイ》（わたしは）」を使《つか》って文章《ぶんしょう》をつくってみよう

やってみよう！

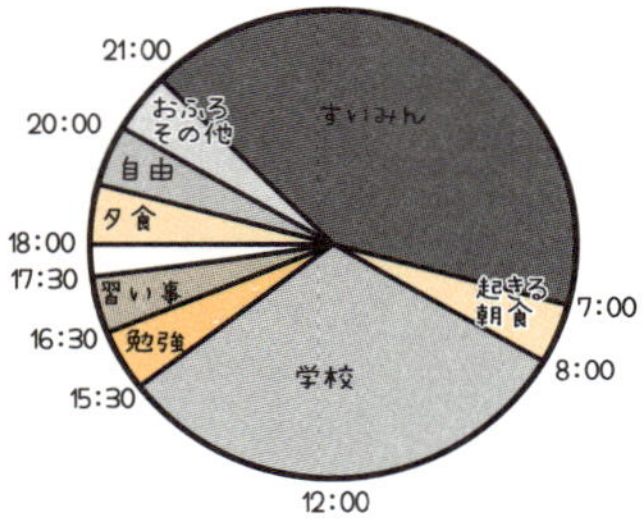

❶ 1日《にち》のスケジュール表《ひょう》をつくろう

勉強《べんきょう》する時間《じかん》だけでなく、遊《あそ》びや運動《うんどう》の時間《じかん》も入《い》れたスケジュール表《ひょう》をつくって、それを守《まも》るようにしてみよう。毎日《まいにち》9～10時間《じかん》のすいみん時間《じかん》もしっかり確保《かくほ》！

❷ 予習《よしゅう》をしよう

先《さき》の勉強《べんきょう》をすると、「もっと知《し》りたい」と、さらに頭《あたま》が働《はたら》くようになるよ。まずは、自分《じぶん》が好《す》きな教科《きょうか》から予習《よしゅう》してみよう。上《うえ》の学年《がくねん》の問題《もんだい》に挑戦《ちょうせん》するのもおすすめだよ。

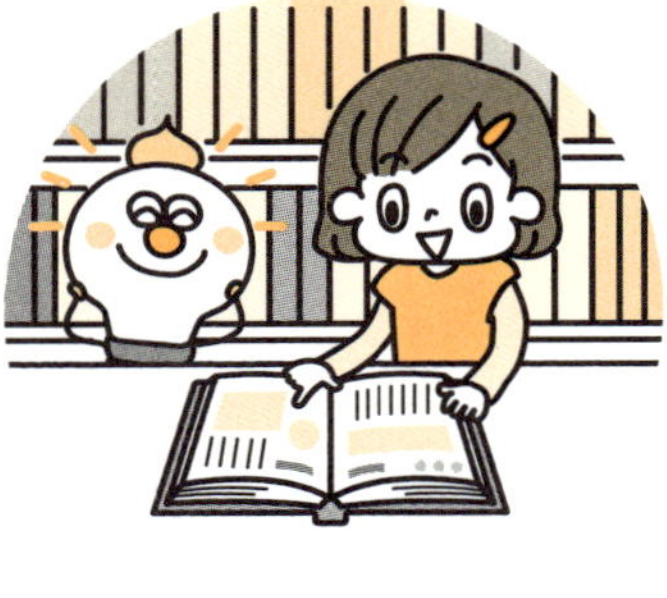

❸ 図書館《としょかん》に行《い》こう

図書館《としょかん》には、さまざまなジャンルの本《ほん》がたくさん並《なら》んでいるよ。おもしろそうだと思《おも》った本《ほん》は、手《て》に取《と》って読《よ》んでみよう。どんどん知識《ちしき》が広《ひろ》がり、つながっていくよ。

「考《かんが》える力《ちから》」が強《つよ》いタイプ

集中力《しゅうちゅうりょく》を発揮《はっき》して短時間《たんじかん》で勉強《べんきょう》しよう!

自分《じぶん》で決《き》めたことをしっかり行動《こうどう》に移《うつ》せる人《ひと》は、「考《かんが》える力《ちから》」が強《つよ》いタイプといえるよ。集中《しゅうちゅう》力《りょく》を高《たか》めるのも「考《かんが》える力《ちから》」の働《はたら》きなので、その強《つよ》みをしっかり利用《りよう》しよう。短時間《たんじかん》で効率《こうりつ》よく勉強《べんきょう》できるようになるよ。

教科別《きょうかべつ》 おすすめの勉強法《べんきょうほう》

国語《こくご》	自分《じぶん》でテーマを決《き》めて作文《さくぶん》を書《か》いてみよう
算数《さんすう》	応用問題《おうようもんだい》にどんどんチャレンジしよう
理科《りか》	ひとつのテーマについて説明《せつめい》してみよう
社会《しゃかい》	地域《ちいき》や歴史上《れきしじょう》の人物《じんぶつ》のしょうかい文《ぶん》をつくってみよう
英語《えいご》	英語《えいご》で日記《にっき》を書《か》いてみよう

やってみよう！

1 タイムリミットを決《き》めて問題《もんだい》を解《と》こう

ドリルや問題集《もんだいしゅう》を解《と》くときは、少《すこ》し短《みじか》めのタイムリミットを設定《せってい》。持《も》ち前《まえ》の集中力《しゅうちゅうりょく》がもっと高《たか》まるよ。

2 英検《えいけん》や漢検《かんけん》を受《う》けてみよう

たくさんの問題《もんだい》を解《と》けば解《と》くほど、さらに「考《かんが》える力《ちから》」がのびていくよ。英語検定《えいごけんてい》や、漢字検定《かんじけんてい》を受《う》けてみるのもおすすめだよ！

3 テーマを設《もう》けて新聞《しんぶん》をつくってみよう

「徳川家康《とくがわいえやす》について」「人体《じんたい》について」「日本《にほん》の地形《ちけい》について」など、自分《じぶん》でテーマを決《き》めて、新聞《しんぶん》をつくってみよう。図《ず》や絵《え》、関《かん》連《れん》する情報《じょうほう》を入《い》れると、調《しら》べた事《こと》がらがよりしっかり頭《あたま》に入《はい》るよ。

脳《のう》タイプ別勉強法《べつべんきょうほう》

「気持《きも》ちを知《し》る力《ちから》」が強《つよ》いタイプ

「できた！うれしい」や、「おもしろい！」を増《ふ》やそう！

このタイプの人《ひと》は、**他人《たにん》の気《き》持《も》ちがわかるだけでなく、自分《じぶん》の気持《きも》ちをつくることも上手《じょうず》だ**よ。だからこそ、「めんどうくさい」と口《くち》に出《だ》さないようにしよう。楽《たの》しく勉強《べんきょう》できる方法《ほうほう》をくふうして、どんどん成績《せいせき》をのばそう！

教科別《きょうかべつ》 おすすめの勉強法《べんきょうほう》

国語《こくご》	短《みじか》い文章《ぶんしょう》をおんどくしよう
算数《さんすう》	かんたんな問題《もんだい》を毎日《まいにち》１問《もん》ずつ解《と》こう
理科《りか》	観察《かんさつ》や実験《じっけん》をたくさんしよう
社会《しゃかい》	ひとつの地域《ちいき》や人物《じんぶつ》についてて深《ふか》く調《しら》べてみよう
英語《えいご》	英語《えいご》の曲《きょく》を１曲《きょく》歌《うた》ってみよう

やってみよう！

❶ かんたんな問題《もんだい》を毎日《まいにち》必《かなら》ず解《と》くようにしよう

「わかる」と思《おも》うとどんどん楽《たの》しくなり、「ちょっとむずかしい問題《もんだい》にもチャレンジしてみよう！」という気持《きも》ちになるよ。

❷ 伝記《でんき》を読《よ》もう

伝記《でんき》を読《よ》んで、その人物《じんぶつ》がどれくらいがんばったかを知《し》ることで、「わたしももっとがんばろう」と、前向《まえむ》きに思《おも》えるようになるよ。

❸ 周《まわ》りの人《ひと》たちに勉強法《べんきょうほう》を聞《き》いてみよう

先生《せんせい》や友達《ともだち》や親《おや》に、どういう勉強法《べんきょうほう》がどんなときに役《やく》に立《た》ったのかを聞《き》いてみよう。「おもしろそう」「いいな」と思《おも》ったら、自分《じぶん》でも試《ため》してみるんだ。大人《おとな》には、「勉強《べんきょう》したことが、今《いま》どのように役立《やくだ》っているか」を聞《き》いてもいいね。

人《ひと》とくらべてしまうときは…

得意《とくい》・苦手《にがて》はみんなちがうってわかっていても、ときには人《ひと》と自分《じぶん》をくらべて「自分《じぶん》はおとっている、レベルが低《ひく》い」と考《かんが》えてしまうこともあるよね。

そんなときは、**自分《じぶん》にとっての基準《きじゅん》や目安《めやす》をつくるといいよ。勉強《べんきょう》は、毎《まい》日《にち》何《なに》をどれくらいやるかを決《き》めて、やってみよう。結果《けっか》は、自分《じぶん》がした勉強《べんきょう》が効果《こうか》があったか確認《かくにん》するための目安《めやす》として使《つか》おう。これを続《つづ》けることで、自分《じぶん》に自信《じしん》を持《も》てる**し、自分《じぶん》と他人《たにん》をくらべて落《お》ちこむことも少《すく》なくなるよ。

それでも、中学受験《ちゅうがくじゅけん》のように点数《てんすう》を競《きそ》う場合《ばあい》、結果《けっか》を上《あ》げることが大事《だいじ》だよね。そんなときは、**「図形問題《ずけいもんだい》や漢字《かんじ》はまちがわないために準備《じゅんび》しよう」など、具体的《ぐたいてき》な目標《もくひょう》を決《き》めよう。点数《てんすう》を取《と》るために効率《こうりつ》よく勉強《べんきょう》できるよ！**

第《だい》2章《しょう》

「やる気《き》が起《お》きない、続《つづ》かない」を解決《かいけつ》！

やる気《き》のスイッチ、どこにある？

Q

勉強《べんきょう》のやる気《き》が出《で》ません…。

◀２つの中《なか》から選《えら》んでね。

❶ やる気《き》が出《で》たときにがんばるほうがはかどるから、やる気《き》が出《で》ない日《ひ》は休《やす》む。

❷ 「問題集《もんだいしゅう》を開《ひら》くだけ」でＯＫ！一問解《いちもんと》いて、または一文読《いちぶんよ》んだだけで「勉強《べんきょう》できた」ことにする。

答《こた》えは次《つぎ》のページ

A 「問題集《もんだいしゅう》を開《ひら》く「だけ」でOK！

やらなきゃってわかっているけど動《うご》けない……それはきみがなまけ者《もの》だからじゃないよ。**脳《のう》は、できるかどうかわからないことは、すぐに行動《こうどう》に移《うつ》せない**からなんだ。

「やろうと思《おも》ったらすぐに動《うご》ける」ようになるためには、「自分《じぶん》が『できること』に気《き》づく」のが大切《たいせつ》。脳《のう》が「できる」って知《し》っていることは、すぐに始《はじ》められるからね。きみは、どんなことならすぐに動《うご》けるかな？　勉強《べんきょう》をこまかく分《わ》けて、何《なに》ができるか探《さが》してみよう。

やってみよう！

自分《じぶん》が「できること」を探《さが》してみよう！

ふだん朝《あさ》はギリギリまでねているのに「明日《あした》から30分《ぷん》早《はや》起《お》きして勉強《べんきょう》する！」って決《き》めても、脳《のう》ができるかどうかわからないことは、なかなか動《うご》けないんだ。けれど「朝《あさ》、机《つくえ》の前《まえ》に座《すわ》って問題集《もんだいしゅう》を開《ひら》くだけならできるな」って思《おも》えば、すぐに動《うご》けるんだ。

レベル1

- 机《つくえ》の前《まえ》に座《すわ》って、問題集《もんだいしゅう》を開《ひら》く
- 立《た》ったまま、教科書《きょうかしょ》を開《ひら》く

レベル2

- 教科書《きょうかしょ》の一文《いちぶん》だけおんどくして暗唱《あんしょう》する
- 単語《たんご》をひとつだけ暗唱《あんしょう》してみる。または書《か》いて覚《おぼ》える

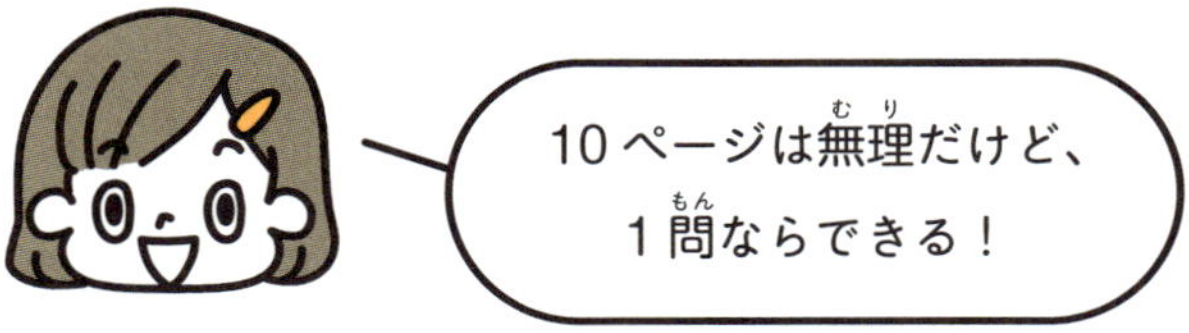

レベル3

- 以前《いぜん》に解《と》けた問題《もんだい》を、もう一度《いちど》解《と》く
- 自分《じぶん》がかんたんと思《おも》う問題《もんだい》を解《と》く

「できること」を増《ふ》やしてレベルアップしていこう

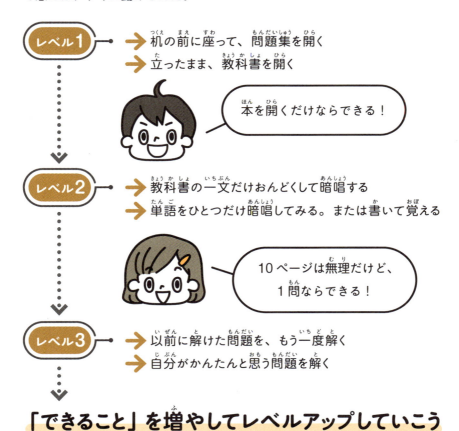

「できること」に気《き》づけると、「もっとできる」ようになる

やる気《き》が起《お》きないときは、できないことを無理《むり》やりやろうとするのではなく、**自分《じぶん》の中《なか》でいちばん早《はや》くやれることを探《さが》し、とにかく体《からだ》を動《うご》かそう。そうすれば「動《うご》く力《ちから》」が働《はたら》いて、もっとやる気《き》を生《う》み出《だ》してくれるよ。**すると、できないと思《おも》っていたことも、始《はじ》めやすくなるんだ。

そして、同《おな》じくらい重要なのが、**できることをくり返《かえ》すこと。**一回《いっかい》できたからといって、一回《いっかい》きりでやめてしまうと、せっかく脳《のう》が「これはできる！」って、やる気《き》と行動《こうどう》をつなげる道《みち》をつくってくれたのに、それが消《き》えてしまうんだ。

やればやるほど、「できた！」という記《き》おくが強《つよ》くなって、しだいに「め

んどうくさい」と思《おも》わなくなるよ。すばやく実行《じっこう》に移《うつ》せるようになっていることに気《き》づくはずだよ。すると、次《つぎ》のステップに進《すす》める。少《すこ》しずつ、できることが確実《かくじつ》に増《ふ》えていく！

「自分《じぶん》ができることを自覚《じかく》する」って、とっても大事《だいじ》なことだから、覚《おぼ》えておいてね。

家《いえ》での勉強時間《べんきょうじかん》はどれくらい？

Q

勉強《べんきょう》は何分《なんぷん》やると、成績《せいせき》が上《あ》がりやすい？

▶3つの中《なか》から選《えら》んでね。

❶ 集中力《しゅうちゅうりょく》が続《つづ》く限《かぎ》り、何時間《なんじかん》でも！

❷ 学校《がっこう》の授業《じゅぎょう》と同《おな》じ、45分《ふん》やって10分休《ぷんきゅう》けい。

❸「20分勉強《ぷんべんきょう》したら、5～10分休《ぷんきゅう》けい」をくり返《かえ》そう。

←・・答《こた》えは次《つぎ》のページ

A

「20分《ぷん》勉強《べんきょう》したら、5～10分《ぷん》休《きゅう》けい」をくり返《かえ》そう。

勉強中《べんきょうちゅう》は、脳《のう》の中《なか》の8つの力《ちから》がめいっぱい働《はたら》いているんだ。一度《いちど》にたくさん、いろいろな情報《じょうほう》を脳《のう》に送《おく》っても、暗記《あんき》したいことを覚《おぼ》えられなかったり、問題《もんだい》をうまく考《かんが》えられなくなったりしてしまい、かえってつかれるだけ。**頭《あたま》をうまく働《はたら》かせるためには、約《やく》20分勉強《ぷんべんきょう》して、5～10分《ぷん》の短《みじか》い休《きゅう》けいをはさむのがベストだよ！**

苦手教科《にがてきょうか》は20分勉強《ぷんべんきょう》したら休《きゅう》けい。得意教科《とくいきょうか》は20分《ぷん》でよりたくさんの問題《もんだい》を解《と》けるようにスピードを上《あ》げてみよう。勉強《べんきょう》の習慣《しゅうかん》がない人《ひと》は、短時間《たんじかん》から始《はじ》めて少《すこ》しずつ時間《じかん》をのばしていってね。

やってみよう！

①20分勉強《ぶんべんきょう》して 5〜10分休《ぶんきゅう》けい

短《みじか》く感《かん》じるかもしれないけれど、短時間《たんじかん》に区《く》切《ぎ》ることで、より集中《しゅうちゅう》して問題《もんだい》を解《と》いたり、暗記《あんき》することができるよ！

②20分間《ぶんかん》で 勉強《べんきょう》するのは1テーマ

国語《こくご》なら漢字《かんじ》、算数《さんすう》なら文章題《ぶんしょうだい》というように、テーマをひとつにしぼって、覚《おぼ》える・わかる・考《かんが》える力《ちから》に効率《こうりつ》よく働《はたら》いてもらおう。

③もっとやりたくても しっかり休《やす》む！

勉強《べんきょう》が楽《たの》しくなってそのまま続《つづ》けたいと思《おも》っても、あえて休《やす》むこと。そのほうが「もっとやりたい！」と脳《のう》が思《おも》い続《つづ》けてくれるんだ。

計画《けいかく》って、むずかしい…。

Q

勉強計画《べんきょうけいかく》はどう立《た》てたらいい？

◀2つの中《なか》から選《えら》んでね。

❶ 自分《じぶん》のレベルより
ちょっと高《たか》い計画《けいかく》を立《た》てよう。

❷「これならできる！」と思《おも》える計画《けいかく》をつくろう。

答《こた》えは次《つぎ》のページ

A 「これならできる！」と思《おも》える計画《けいかく》をつくろう。

夏休《なつやす》みや冬休《ふゆやす》みの宿題《しゅくだい》、ちょっとずつやれば終《お》わるはず……なのに、気《き》づけば休《やす》みも終《お》わりが見《み》えてきて、宿題《しゅくだい》は手《て》をつけていないまま……そんなことにならないように、宿題《しゅくだい》や勉強計画《べんきょうけいかく》の立《た》て方《かた》を知《し》っておこう。

ポイントは、**「使《つか》える時間《じかん》」と「勉強《べんきょう》する内容《ないよう》」を目《め》に見《み》える形《かたち》にする**こと。計画表《けいかくひょう》をつくっていつでも見《み》られる場所《ばしょ》にはっておくんだ。**実行《じっこう》できたらチェックを入《い》れると達成感《たっせいかん》を得《え》られるよ。**受験勉強《じゅけんべんきょう》のスケジュールを立《た》てたり、中学生《ちゅうがくせい》になってからの定期《ていき》テスト対策《たいさく》にも役立《やくだ》つから、やってみてね。

やってみよう！

1 勉強時間《べんきょうじかん》を決《き》める

まずは、習《なら》いごとやお出《で》かけなど、すでに決《き》まっている予定《よてい》を書《か》き出《だ》そう。予定《よてい》のないところが勉強時間《べんきょうじかん》。この時間《じかん》でやると決《き》めよう。

2 予備《よび》の時間《じかん》をつくっておく

計画通《けいかくどお》りに進《すす》まないのはよくあること。計画《けいかく》を立《た》てるときに、予備《よび》の時間《じかん》をつくっておこう。できなかったことをためないようにするのが大事《だいじ》だよ。

3 やることは分量《ぶんりょう》まで具体的《ぐたいてき》に決《き》めておく

計画《けいかく》を立《た》てるときに、問題集《もんだいしゅう》ならどこを解《と》くか、ページ数《すう》まで決《き》めておこう。自分《じぶん》が無理《むり》なくできる量《りょう》にしておくと、先《さき》が見《み》えてやる気《き》も続《つづ》くよ。

勉強《べんきょう》のカベにぶつかった!

Q

勉強中《べんきょうちゅう》、わからない問題《もんだい》が出《で》てきた。どうしよう？

◀3つの中《なか》から選《えら》んでね。

1 気晴《きば》らしをした後《あと》、じっくり考《かんが》えよう。

2 ちょっとだけあまいものを食《た》べて、集中力復活《しゅうちゅうりょくふっかつ》！

3 立《た》ち上《あ》がって、うで立《た》て1回《かい》！

←••• 答《こた》えは次《つぎ》のページ

A 立《た》ち上《あ》がって、うで立《た》て1回《かい》！

問題《もんだい》がわからないときに、座《すわ》っていられず、思《おも》わず立《た》ち上《あ》がったことはあるかな？　じつはそれは脳《のう》にとって、とても自然《しぜん》なこと。**問題《もんだい》を解《と》こうとする力《ちから》は、「動《うご》く力《ちから》」と同《おな》じ**で、そこに働《はたら》いてもらおうとしているんだ。

脳《のう》がつかれたときはブドウ糖《とう》をとるといい、ともいわれるけど、あまいものを食《た》べると次《つぎ》に集中《しゅうちゅう》できるまでに時間《じかん》がかかってしまうんだ。だから、解《と》けない問題《もんだい》が出《で》てきたら、その場《ば》でうで立《た》てふせを1回《かい》！　授業中《じゅぎょうちゅう》やテストのときはむずかしいけど、家《いえ》で勉強《べんきょう》しているときは試《ため》してみてね。

Q

勉強《べんきょう》の計画《けいかく》を立《た》てても3日《か》ぼうずです…。

▶3つの中《なか》から選《えら》んでね。

1. あきらめて、気《き》が向《む》いたときに集中《しゅうちゅう》すればOK！
2. 勉強《べんきょう》の量《りょう》をうんとへらして計画《けいかく》を立《た》てる。
3. 毎朝《まいあさ》5分《ふん》、体《からだ》を動《うご》かすことを続《つづ》ける。

←・・答《こた》えは次《つぎ》のページ

A

毎朝《まいあさ》5分《ふん》、体《からだ》を動《うご》かすことを続《つづ》ける。

当初《とうしょ》は「これならできる！」って決《き》めた計画《けいかく》なのに、いざ始《はじ》めてみると、なかなか計画通《けいかくどお》りに続《つづ》けられない……決《き》めたことを守《まも》るって、なかなかむずかしいよね。

勉強《べんきょう》を、いつどれくらいやったかを記《き》ろくしておくと、計画《けいかく》を立《た》てるときに「これならできる」という量《りょう》を決《き》めやすくなるよ。

決《き》めたことを毎日《まいにち》きちんとできる習慣《しゅうかん》を身《み》につけるためには、少《すこ》し早起《はやお》きして、毎日《まいにち》、ほんの3分《ぷん》や5分《ふん》でいいから体《からだ》を動《うご》かしてみよう。軽《かる》い体《たい》そうでも、おんどくでもいいよ。体《からだ》を動《うご》かすなんて、勉強《べんきょう》と関係《かんけい》ないんじゃない？　って思《おも》う人《ひと》もいるかもしれないね。でも、**朝起《あさお》きて軽《かる》く体《からだ》を動《うご》かすことで、「動《うご》く力《ちから》」が目覚《めざ》めるんだ。すると、わかる力《ちから》や考《かんが》える力《ちから》も働《はたら》き出《だ》して、勉強《べんきょう》にも取《と》りかかりやすくなるよ。**

朝《あさ》、動《うご》く力《ちから》のエンジンをかける習《しゅう》慣《かん》ができると、日中《にっちゅう》も同《おな》じように勉強《べんきょう》する習慣《しゅうかん》を身《み》につけやすくなるんだ！

すわる時間《じかん》をへらし、足《あし》をたくさん動《うご》かそう

勉強《べんきょう》はすぐ集中力《しゅうちゅうりょく》が切《き》れるのに、ゲームはずっと集中《しゅうちゅう》できる。いったいどうしてだろう？　それは、ゲームは「こうなる！」というゴールがすでに用意《ようい》されているから、というのが大《おお》きいんだ。ゲームでは得《え》られない楽《たの》しさや、こうなりたいと思《おも》えるゴールをイメージできるようになると、勉強《べんきょう》もゲーム以上《いじょう》に集中《しゅうちゅう》し、計画通《けいかくどお》りに進《すす》められるよ。

そのためには、「動《うご》く力《ちから》」をたくさん使《つか》おう。すわる時間《じかん》をへらして、足《あし》を使《つか》って体《からだ》を動《うご》かすと、脳《のう》の8つの力《ちから》もよく働《はたら》くよ。行動《こうどう》して、たくさん見《み》聞《き》きして、いろいろな人《ひと》と話《はなし》をして、「知《し》るのがおもしろい！」「わかった、うれしい！」と感《かん》じるものをたくさん見《み》つけてね。

第《だい》3章《しょう》

暗記《あんき》を制《せい》する者《もの》は勉強《べんきょう》を制《せい》する！

丸暗記《まるあんき》は意味《いみ》がない？

Q

わからない問題《もんだい》が出《で》てきた！答《こた》えを読《よ》んでもやっぱりわからない。どうする？

◀2つの中《なか》から選《えら》んでね。

❶「なぜそうなるか」を納得《なっとく》するまで調《しら》べる。考《かんが》える力《ちから》がのびるからね。

❷意味《いみ》がわからなくても、まず丸暗記《まるあんき》でOK！

←●●答《こた》えは次《つぎ》のページ

A

意味《いみ》がわからなくても、まず丸暗記《まるあんき》でOK！

勉強《べんきょう》で「なぜ？」と理由《りゆう》や背景《はいけい》を考《かんが》えたり、理解《りかい》することはとても大事《だいじ》で、成績《せいせき》を上《あ》げるためには必要《ひつよう》なこと。だけど、わからなかったら3分《ぷん》など時間《じかん》を区切《くぎ》っていったん丸暗記《まるあんき》することも、勉強《べんきょう》では必要《ひつよう》なんだよ。

なぜならば、**勉強《べんきょう》はまず覚《おぼ》えて、その情報《じょうほう》を使《つか》って考《かんが》え、問題《もんだい》を解《と》くことがほとんどだから。暗記《あんき》は勉強《べんきょう》の土台《どだい》**ともいえるんだ。

「吸収《きゅうしゅう》する力《ちから》」は、子《こ》どものころは丸暗記《まるあんき》が得意《とくい》。小学校《しょうがっこう》に入学《にゅうがく》する前《まえ》なのに、電車《でんしゃ》の名前《なまえ》や国旗《こっき》を全部《ぜんぶ》覚《おぼ》えていた、という人《ひと》もいるかもしれないね。

でも成長《せいちょう》するにつれて、脳《のう》は情報《じょうほう》の覚《おぼ》え方《かた》が変《か》わるんだ。中学生《ちゅうがくせい》になるくらいから「考《かん》える力《ちから》」は急激《きゅうげき》に成長《せいちょう》するよ。「吸収《きゅうしゅう》する力《ちから》」は「考《かん》える力《ちから》」と仲《なか》よくなって、筋道《すじみち》を立《た》てたり知識《ちしき》と知識《ちしき》を結《むす》びつけたりして覚《おぼ》えることが得意《とくい》になっていくんだ。

意味《いみ》がわからず問題文《もんだいぶん》と答《こた》えを丸《まる》暗記《あんき》していても、ずっと後《あと》になって、意味《いみ》や理由《りゆう》がわかって「そうだったんだ！」と納得《なっとく》することがあるよ。そうなると、暗記《あんき》に理解《りかい》が追《お》いついて、ますます忘《わす》れにくくなるからね。

わからなかったら、いったん丸暗記《まるあんき》。覚《おぼ》えておこう！

暗記《あんき》のコツ①

「この情報《じょうほう》は大事《だいじ》でよく使《つか》う」と思《おも》わせる

とつぜんですが、質問《しつもん》です。1週間前《しゅうかんまえ》の夕《ゆう》ご飯《はん》は、何《なに》を食《た》べましたか？……すぐに答《こた》えられたかな？　思《おも》い出《だ》せなかった人《ひと》もいるかもしれないね。どうしてすぐに思《おも》い出《だ》せないかというと、「1週間前《しゅうかんまえ》の夕《ゆう》ご飯《はん》」という情報《じょうほう》は、「覚《おぼ》える情報《じょうほう》じゃない」と脳《のう》が判断《はんだん》していたから。なかなか、1週間前《しゅうかんまえ》の夕《ゆう》ご飯《はん》を質問《しつもん》されることってないもんね。

暗記《あんき》したい勉強内容《べんきょうないよう》は、まず、「吸収《きゅうしゅう》する力《ちから》」に「この情報《じょうほう》は覚《おぼ》えるべき大事《だいじ》な情報《じょうほう》」「よく使《つか》う大事《だいじ》な情報《じょうほう》」と思《おも》わせよう！　暗記《あんき》したい内容《ないよう》と自《じ》分《ぶん》の経験《けいけん》を結《むす》びつけると、脳《のう》はそれを大事《だいじ》な情報《じょうほう》ととらえるよ。たとえばリトマス紙《し》の赤《あか》（＝酸性《さんせい》）は、酸《す》っぱい梅干《うめぼ》しの赤《あか》と同《おな》じ、というようにね。

暗記《あんき》のコツ❷

「気《き》持《も》ちを知《し》る力《ちから》」とつなげる

「吸収《きゅうしゅう》する力《ちから》」はインパクトの強《つよ》い情報《じょうほう》を、よりしっかり記《き》おくできるんだ。とってもうれしかったことやすごく悲《かな》しかったことは、長《なが》い間《あいだ》よく覚《おぼ》えているもんね。**勉強《べんきょう》するときは、自分《じぶん》が「おもしろい！」と思《おも》うことをたくさん探《さが》そう。**たとえば人物《じんぶつ》が素敵《すてき》と思《おも》える歴《れき》史《し》マンガや、理科《りか》ならワクワクする実験《じっけん》など。文章《ぶんしょう》を読《よ》むのが苦手《にがて》でも伝記《でんき》なら読《よ》めるなど、**苦手《にがて》な教科《きょうか》はおもしろがれるポイントを探《さが》して勉強《べんきょう》すると覚《おぼ》えやすくて忘《わす》れにくいよ。**

「わかる力」「考《かんが》える力《ちから》」と仲《なか》よくする

「覚《おぼ》える力《ちから》」は「わかる力《ちから》」「考《かんが》える力《ちから》」といっしょに使《つか》っていくと、もっと力《ちから》を発揮《はっき》するよ。**勉強内容《べんきょうないよう》をわかろうとしたり、なぜ？　とたくさん考《かんが》えることで、情報《じょうほう》が脳《のう》の中《なか》に長《なが》くとどまり、しっかり記《き》おくできるんだ。**

漢字《かんじ》なら1文字《もじ》だけじゃなくて熟語《じゅくご》や短文《たんぶん》で覚《おぼ》えたり、理科《りか》や社会《しゃかい》の単語《たんご》も「なぜ？　どうして？」と考《かんが》えたり、何《なに》かと似《に》ている・ちがうなど関連《かんれん》づけると、忘《わす》れにくくなるんだ。

どうして北海道で
お米作りがさかんに
なったのかな？

暗記《あんき》のコツ4

覚《おぼ》えたことはどんどん使《つか》う

勉強《べんきょう》で覚《おぼ》えた内容《ないよう》は、テストで正解《せいかい》を書《か》くなど、使《つか》いたいときにいつでも引《ひ》き出《だ》せないといけないよね。そのためには、覚《おぼ》えたことはどんどん使《つか》おう！

問題集《もんだいしゅう》を解《と》いたり赤《あか》シートを使《つか》ったりして手《て》を動《うご》かすと、覚《おぼ》えたことがしっかり頭《あたま》の中《なか》に定着《ていちゃく》するよ。

「覚《おぼ》えたことをだれかに伝《つた》える」のも効果大《こうかだい》。**学校《がっこう》でその日《ひ》勉強《べんきょう》したことを家族《かぞく》に説明《せつめい》すると、みるみるうちに覚《おぼ》えられるよ！**理解《りかい》が深《ふか》まり、自分《じぶん》がわからない点《てん》が見《み》えてくる、おすすめの勉強法《べんきょうほう》だよ。

長時間《ちょうじかん》がんばらないと、ダメだよね？

Q

覚《おぼ》えたことをすぐ忘《わす》れちゃうんだ…。

◀3つの中《なか》から選《えら》んでね。

❶ 気合《きあ》いだ!! 気合《きあ》いがあれば、覚《おぼ》えられる！

❷ 暗記《あんき》の勉強時間《べんきょうじかん》はしっかり取《と》る。最低《さいてい》1時間《じかん》！

❸ 「ちょっとずつ、くり返《かえ》し」で、しっかり覚《おぼ》えられる！

答《こた》えは次《つぎ》のページ

A

「ちょっとずつ、くり返《かえ》し」で、しっかり覚《おぼ》えられる！

覚《おぼ》える内容《ないよう》、つまり情報《じょうほう》は、たとえるなら脳《のう》にとっての食事《しょくじ》。わたしたちが食《た》べすぎると「もう食《た》べたくない……」と思《おも》うのと同《おな》じように、**脳《のう》も情報《じょうほう》を入れすぎると、消化《しょうか》しきれない**んだ。ご飯《はん》を1日《にち》1食《しょく》にしてまとめて食《た》べるのではなく、3食《しょく》に分《わ》けて栄養《えいよう》をとるのと同《おな》じように、**暗記《あんき》も「ちょっとの時間《じかん》」「くり返《かえ》し」勉強《べんきょう》するのが、効率《こうりつ》よく覚《おぼ》えるコツ**なんだよ。

テスト前《まえ》の一夜漬《いちやづ》けよりも、前《まえ》まえから時間《じかん》をかけて取《と》り組《く》むことで、しっかり記《き》おくに定着《ていちゃく》して、暗記《あんき》が得意《とくい》になるよ！

やってみよう！

1 暗記《あんき》タイムは短《みじか》く！

暗記《あんき》の勉強時間《べんきょうじかん》を１時間取《じかんと》るなら、１週間《しゅうかん》に１回《かい》60分間《ぶんかん》ではなくて、１日《にち》10分《ぶん》を６日《か》間《かん》に分《わ》けたほうが、はるかに記《き》おくに残《のこ》りやすいんだ！ しかも、短時間《たんじかん》のしめ切《き》りをつくることで、目標《もくひょう》を達成《たっせい》しようと、脳《のう》がとてもよく働《はたら》くんだ。

2 くり返《かえ》し復習《ふくしゅう》する

暗記《あんき》した内容《ないよう》は、覚《おぼ》えた後《あと》もくり返《かえ》し使《つか》わないと、すぐに忘《わす》れてしまうんだ。

エビングハウスの忘《ぼう》きゃく曲線《きょくせん》

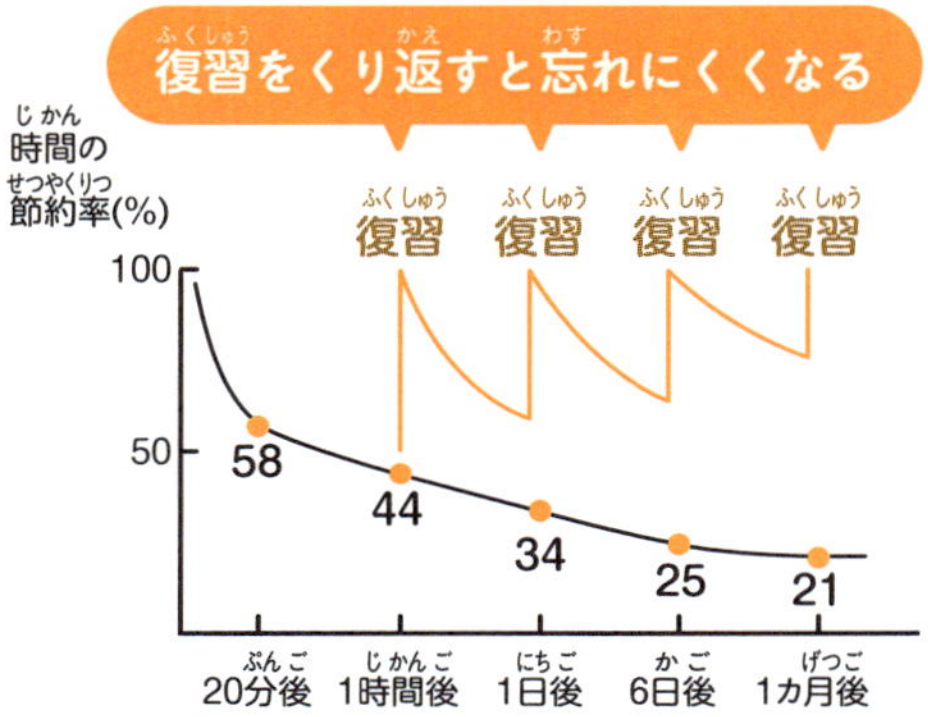

左《ひだり》の表《ひょう》の曲線《きょくせん》は、たとえば10分《ぶん》かけて暗記《あんき》した内容《ないよう》は、１時間後《じかんご》に再《ふたた》び覚《おぼ》えるときには44％の時間《じかん》を節約《せつやく》できる、つまり5.6分《ぶん》で覚《おぼ》えられることを表《あらわ》しているよ。復習《ふくしゅう》タイミングが早《はや》いほど覚《おぼ》え直《なお》しやすく、くり返《かえ》すことでより短《たん》時間《じかん》で覚《おぼ》えられ、定着《ていちゃく》するよ。

暗記《あんき》の勉強《べんきょう》はいつやるのがベスト？

Q

短《みじか》い時間《じかん》でしっかり覚《おぼ》えるには？

◀２つの中《なか》から選《えら》んでね。

❶ 昼間《ひるま》に集中《しゅうちゅう》して覚《おぼ》え、夜《よる》は勉強《べんきょう》が終《お》わったら好《す》きなゲームや動画《どうが》でリラックス。

❷ 夜《よる》は日中《にっちゅう》の勉強《べんきょう》を再確認《さいかくにん》。暗記《あんき》の後《あと》はすぐにねる。

答《こた》えは次《つぎ》のページ

A

夜《よる》は日中《にっちゅう》の勉強《べんきょう》を再確認《さいかくにん》。暗記《あんき》の後《あと》はすぐにねる。

すいみんは、記《き》おく力《りょく》を高《たか》めるためにとっても大事《だいじ》だよ。わたしたちが**ねて体《からだ》を休《やす》めている間《あいだ》も、じつは脳《のう》は働《はたら》いているんだ。情報《じょうほう》を整理《せいり》して、使《つか》いたいときにすぐ使《つか》えるようにしている**んだよ。

ねている間《あいだ》、脳《のう》は「レムすいみん」と「ノンレムすいみん」というふたつの動《うご》きをくり返《かえ》しているよ。レムすいみんは、脳《のう》に入《はい》った情報《じょうほう》を覚《おぼ》えることと忘《わす》れることに分《わ》けて、ノンレムすいみんは、覚《おぼ》えると決《き》めた情報《じょうほう》を脳《のう》の倉庫《そうこ》に整理《せいり》してしまっているんだ。これらの動《うご》きをくり返《かえ》して、記《き》おくしているよ。

やってみよう！

① 朝《あさ》や日中《にっちゅう》に勉強《べんきょう》する

頭《あたま》がよく働《はたら》く朝《あさ》のうちだと、前日《ぜんじつ》は解《と》けなかった問題《もんだい》が解《と》けることもあるよ！

とくに大事《だいじ》！

② ねる1時間《じかん》くらい前《まえ》にその日《ひ》の分《ぶん》を再確認《さいかくにん》

ねる直前《ちょくぜん》に勉強《べんきょう》した内容《ないよう》を見直《みなお》すと、ねている間《あいだ》に脳《のう》が整理《せいり》してくれて、記《き》おくに定着《ていちゃく》しやすいんだ。

③ 勉強後《べんきょうご》のスマホやゲームはガマン

脳《のう》は最新《さいしん》の情報《じょうほう》を上書《うわが》きする仕組《しく》みがあるから、ねる前《まえ》に勉強《べんきょう》した内容《ないよう》をしっかり覚《おぼ》えたいなら、スマホやゲームはさけて、なるべく他《ほか》の情報《じょうほう》を入《い》れないようにしよう。

脳《のう》のいちばんの栄養《えいよう》は「すいみん」

暗記《あんき》のためだけじゃなくて、脳《のう》が効率《こうりつ》よく働《はたら》くためにも、「すいみん」はとても大事《だいじ》だよ。

裏《うら》を返《かえ》せば、すいみん時間《じかん》が足《た》りないと、脳《のう》がしっかり働《はたら》いてくれないんだ。たとえ、テスト前《まえ》にすいみん時間《じかん》をけずって一生《いっしょう》けん命《めい》に勉強《べんきょう》しても、何《なん》の意味《いみ》もなくなってしまう。覚《おぼ》えるべきこともきちんと覚《おぼ》えられないし、脳がきちんと働かなくてテストも正しく答えられなくなってしまうからね。

小学生《しょうがくせい》のうちは、1日《にち》9～10時間《じかん》はねるようにしよう。

また、昼間《ひるま》に勉強《べんきょう》しているときも、つかれてきたら10分《ぷん》ぐらい横《よこ》になって目《め》を閉《と》じてみよう。それだけで、脳《のう》のつかれが取《と》れてシャキッとするよ。

第《だい》4章《しょう》

「できる！」を増《ふ》やす教科別勉強法《きょうかべつべんきょうほう》

どうして得意《とくい》と苦手《にがて》があるんだろう？

Q

どうして苦手教科《にがてきょうか》が生《う》まれるの？

◀3つの中《なか》から選《えら》んでね。

❶「苦手《にがて》」なのは勉強《べんきょう》の仕方《しかた》が悪《わる》いから。

❷「得意《とくい》」「苦手《にがて》」は生《う》まれつき。

❸「苦手《にがて》」は「慣《な》れていない」だけ！

←・・・答《こた》えは次《つぎ》のページ

A

「苦手《にがて》」は「慣《な》れていない」だけ！

国語《こくご》や算数《さんすう》は漢字《かんじ》や計算問題《けいさんもんだい》をくり返《かえ》しやる、理科《りか》や社会《しゃかい》は用語《ようご》をしっかり暗記《あんき》する――教科《きょうか》によって、勉強《べんきょう》の仕方《しかた》はちがうよね。**脳《のう》の8つの力《ちから》も、教科《きょうか》によって使《つか》う力《ちから》がちがうから、それぞれ練習《れんしゅう》が必要《ひつよう》なんだ。**

スイスイ解《と》ける、暗記《あんき》できる教科《きょうか》は、自分《じぶん》でも気《き》づかないうちに頭《あたま》の使《つか》い方《かた》の練習《れんしゅう》ができていたんだ。反対《はんたい》に、「授業中《じゅぎょうちゅう》、集中《しゅうちゅう》できなくてぼーっとする」「なんか、勉強《べんきょう》しても頭《あたま》に入《はい》らない」のは、その教科《きょうか》の頭《あたま》の使《つか》い方《かた》に慣《な》れていないだけ。くり返《かえ》し練習《れんしゅう》して慣《な》れることで、得意《とくい》に変《か》えていけるよ。

苦手《にがて》な教科《きょうか》ほど、勉強《べんきょう》する順番《じゅんばん》が大《だい》事《じ》。一気《いっき》に得意《とくい》にする、全部《ぜんぶ》できるようになろうと考《かんが》えないこと。苦手教科《にがてきょうか》でも、1つや2つはできたりわかる部《ぶ》分《ぶん》があるもの。まずはわかる部分《ぶぶん》を探《さが》して、てってい的《てき》に勉強《べんきょう》しよう。その次《つぎ》に、自分《じぶん》が「わかりたいな」と思《おも》う見出《みだ》しや項目《こうもく》を見《み》つけ、「わかりそう」なところを勉強《べんきょう》しよう。続《つづ》ければ、少《すこ》しずつ確実《かくじつ》に得意《とくい》に変《か》わるよ！

得意《とくい》な科目《かもく》は、まちがえた部分《ぶぶん》を中《ちゅう》心《しん》に勉強《べんきょう》すると、もっと得意《とくい》になるよ。

○は、◎にする

△は、○にする

×は、△にする

やるべきことを意識《いしき》すると、
できることが確実《かくじつ》に増《ふ》える！

できる!を増《ふ》やす

教科別《きょうかべつ》勉強法《べんきょうほう》

それぞれの教科《きょうか》の特《とく》ちょうと、学《まな》ぶと役《やく》に立《た》つことをまとめたよ。
教科《きょうか》ごとに勉強《べんきょう》の仕方《しかた》、つまり頭《あたま》の使《つか》い方《かた》はちがうから、
8つの力《ちから》のどれを使《つか》って勉強《べんきょう》するか意識《いしき》すると、
「今《いま》、できてない」ところがわかり、「できる」を増《ふ》やせるよ。

国語《こくご》

できる!を増《ふ》やす
▶98〜105ページ

何《なに》を学《まな》ぶ・何《なに》に役立《やくだ》つ?

国語《こくご》は、日本語《にほんご》の文章《ぶんしょう》を読《よ》んで記《き》おくし、理解《りかい》する。そして、自分《じぶん》でも文章《ぶんしょう》を書《か》く教科《きょうか》。国語《こくご》を学《まな》ぶと、言葉《ことば》を使《つか》って自分《じぶん》の考《かんが》えを深《ふか》めたり、他《ほか》の人《ひと》に上手《じょうず》に伝《つた》えられるようになるよ。

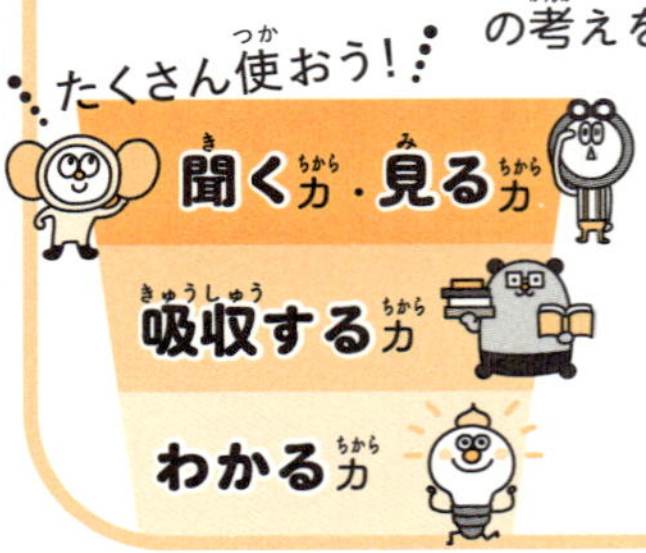

国語頭《こくごあたま》になる近道《ちかみち》

話《はなし》をよく聞《き》いたり文《ぶん》をたくさん読《よ》んで、言葉《ことば》をたくさん覚《おぼ》え、わかろうとする。書《か》いたり話《はな》して他《ほか》の人《ひと》に伝《つた》えると、もっと国語力《こくごりょく》が上《あ》がるよ。

算数《さんすう》

できる!を増《ふ》やす
▶106〜111ページ

何《なに》を学《まな》ぶ・何《なに》に役立《やくだ》つ?

算数《さんすう》は決《き》まりごとを使《つか》い、わからないことを整理《せいり》してわかりやすくする教科《きょうか》。算数《さんすう》が得意《とくい》になると、国語《こくご》の説明文《せつめいぶん》が読《よ》みやすくなったり、英語《えいご》の文法《ぶんぽう》がわかりやすくなるよ。

算数頭《さんすうあたま》になる近道《ちかみち》

手《て》を動《うご》かして問題《もんだい》をたくさん解《と》き、算数《さんすう》の決《き》まりごとを理解《りかい》し、守《まも》ること。同《おな》じ問題《もんだい》で2つ以上《いじょう》の解《と》き方《かた》を見《み》つけようとすると算数力《さんすうりょく》が上《あ》がるよ。

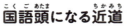

理科《りか》

できる！を増《ふ》やす
▶112～115ページ

何《なに》を学《まな》ぶ・何《なに》に役立《やくだ》つ？

自分《じぶん》の身《み》のまわりの物事《ものごと》をしっかり見《み》て、正確《せいかく》に理解《りかい》する力《ちから》が身《み》につくよ。環境問題《かんきょうもんだい》や感染症《かんせんしょう》など、現状《げんじょう》を分《ぶん》せきする力《ちから》が育《そだ》ち、新《あたら》しい発見《はっけん》をして人類《じんるい》に貢献《こうけん》できるようになるよ。

たくさん使《つか》おう！
見《み》る力《ちから》
吸収《きゅうしゅう》する力《ちから》
わかる力《ちから》

理科頭《りかあたま》になる近道《ちかみち》

理科《りか》の実験《じっけん》や観察《かんさつ》をたくさんするだけでなく、家《いえ》で料理《りょうり》やそうじのお手伝《てつだ》いをしたり、ペットのお世話《せわ》をすることも、理科頭《りかあたま》を育《そだ》てるよ。

社会《しゃかい》

できる！を増《ふ》やす
▶116～121ページ

何《なに》を学《まな》ぶ・何《なに》に役立《やくだ》つ？

社会《しゃかい》の仕組《しく》みをつくっている言葉《ことば》を覚《おぼ》え、環境《かんきょう》の過去《かこ》、現在《ざい》、未来《みらい》を学《まな》ぶ教科《きょうか》。社会《しゃかい》を学《まな》ぶ意味《いみ》は、未来《みらい》をどうやって改善《かいぜん》していけるかに気《き》づき、社会参加《しゃかいさんか》することなんだ。

たくさん使《つか》おう！
吸収《きゅうしゅう》する力《ちから》
わかる力《ちから》
考《かんが》える力《ちから》

社会頭《しゃかいあたま》になる近道《ちかみち》

社会《しゃかい》は人間《にんげん》がよりよく生活《せいかつ》するためにつくったから、用語《ようご》や仕組《しく》みには、必《かなら》ず理由《りゆう》があるはずなんだ。「なぜ？」と疑問《ぎもん》を持《も》って、大人《おとな》に聞《き》いてみよう。

英語《えいご》

できる！を増《ふ》やす
▶122～125ページ

何《なに》を学《まな》ぶ・何《なに》に役立《やくだ》つ？

日本語《にほんご》ではない言葉《ことば》を使《つか》って他《ほか》の人《ひと》を理解《りかい》したり、コミュニケーションを取《と》る教科《きょうか》だよ。

たくさん使《つか》おう！
聞《き》く力《ちから》
伝《つた》える力《ちから》
吸収《きゅうしゅう》する力《ちから》

英語頭《えいごあたま》になる近道《ちかみち》

アルファベットでできた言葉《ことば》に毎日《まいにち》慣《な》れ親《した》しむことで、親密度《しんみつど》が上《あ》がり、すぐ思《おも》い出《だ》せたり使《つか》えるようになるよ。体験《たいけん》・好奇心《こうきしん》・くり返《かえ》しがポイント。

国語《こくご》

漢字《かんじ》が覚《おぼ》えられないときは

漢字《かんじ》を覚《おぼ》えるときには、3つの力《ちから》を使《つか》っているよ。「聞《き》く力《ちから》」を使《つか》いながら読《よ》み方《かた》を覚《おぼ》え、「見《み》る力《ちから》」で文字《もじ》の形《かたち》を覚《おぼ》え、「動《うご》く力《ちから》」で書《か》く。これをくり返《かえ》すことで、しっかり脳《のう》に記《き》おくされるんだ。漢字《かんじ》を覚《おぼ》えるときは、この3つの力《ちから》を働《はたら》かせることを意識《いしき》しよう。「漢字《かんじ》を覚《おぼ》えてもすぐ忘《わす》れちゃう」ということが少《すく》なくなるよ。熟語でいくつかまとめて覚《おぼ》えるようにして「わかる力《ちから》」も働《はたら》かせると、忘《わす》れにくく、思《おも》い出《だ》しやすくなるよ。

漢字《かんじ》の書《か》き取《と》りの宿題《しゅくだい》が、毎日《まいにち》のように出《で》ていてめんどうくさいなあと思《おも》う人《ひと》もいるかもしれないけど、「聞《き》く」「見《み》る」「動《うご》く」力《ちから》は、8つの力《ちから》の中《なか》でも土台《どだい》になる大事《だいじ》な力《ちから》だよ。

たくさん使《つか》おう！

聞《き》く力《ちから》

見《み》る力《ちから》

動《うご》く力《ちから》

やってみよう！

❶ おんどくしながら書《か》き取《と》りをしよう

声《こえ》に出《だ》して読《よ》みながら書《か》くと、記《き》おくに残《のこ》りやすいよ。書《か》き取《と》るときは、大《おお》きく、正確《せいかく》にていねいにね。見《み》る力《ちから》が働《はたら》くよ。

❷ 熟語《じゅくご》でまとめて覚《おぼ》えよう

たとえば「国《くに》」という字《じ》を覚《おぼ》えるときは、国別《くにべつ》・国技《こくぎ》・国家《こっか》など熟語《じゅくご》にすると、わかる力《ちから》が強《つよ》くなるよ。辞書《じしょ》を引《ひ》きながら同《おな》じ漢字《かんじ》を使《つか》った熟語《じゅくご》を読《よ》むのもいいね。

❸ マイ漢字帳《かんじちょう》をつくってみよう

学校《がっこう》の勉強《べんきょう》以外《いがい》でも、たとえば本《ほん》を読《よ》んでいて「新《あたら》しい漢字《かんじ》が出《で》てきたな」と思《おも》ったら、自分《じぶん》でつくった漢字帳《かんじちょう》に漢字《かんじ》・読《よ》み方《かた》・意味《いみ》などを書《か》いておこう。言葉《ことば》をたくさん知《し》ることは、国語《こくご》の成績《せいせき》アップの最大《さいだい》のコツ！

物語文《ものがたりぶん》の登場人物《とうじょうじんぶつ》の気持《きも》ちがわからないときは

物語文《ものがたりぶん》が苦手《にがて》という人《ひと》は、気持《きも》ちを読《よ》み取《と》るより前《まえ》に、どんな登場人物《とうじょうじんぶつ》がいるかが頭《あたま》に入《はい》っていない場合《ばあい》が多《おお》いんだ。まずは文章《ぶんしょう》を読《よ》むときに、登場人物《とうじょうじんぶつ》が何人《なんにん》いるか覚《おぼ》えることから始《はじ》めよう。だれ（何《なに》）がどんなセリフを言《い》って、物語《ものがたり》がどんな展開《てんかい》になるかが、わかりやすくなるはずだよ。

●物語文《ものがたりぶん》の問題《もんだい》はいじわる!?

物語文《ものがたりぶん》のテストでは「○さんはどういう気持《きも》ちだったかを書《か》きなさい」という問題《もんだい》が多《おお》いよね。みんなは「自分《じぶん》で考《かんが》えるの!?」と困《こま》ってしまうかもしれない。じつは「気持《きも》ちが書《か》いてある文《ぶん》をぬき出《だ》しなさい」という意味《いみ》なんだ。答《こた》えは物語《ものがたり》の中《なか》に書《か》いてあるよ！

たくさん使《つか》おう！
見《み》る力《ちから》
吸収《きゅうしゅう》する力《ちから》
気持《きも》ちを知《し》る力《ちから》

やってみよう!

❶ 登場人物《とうじょうじんぶつ》をマーキングしよう

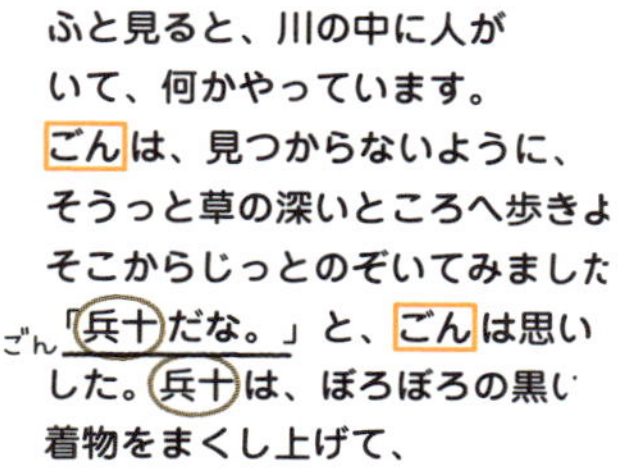
ふと見ると、川の中に人が
いて、何かやっています。
ごんは、見つからないように、
そうっと草の深いところへ歩きよ
そこからじっとのぞいてみました
「兵十だな。」と、ごんは思い
ごん
した。兵十は、ぼろぼろの黒い
着物をまくし上げて、

「A さんは○で囲《かこ》む」「B さんは□で」と決《き》めて登場人物《とうじょうじんぶつ》の名前《なまえ》をマークしよう。それぞれの人物《じんぶつ》の行動《こうどう》やセリフの横《よこ》にも線《せん》を引《ひ》いて「A さん」「B さん」と書《か》いておくと、だれが何《なに》をしたかがはっきりするよ。

❷ 段落《だんらく》に番号《ばんごう》をつけよう

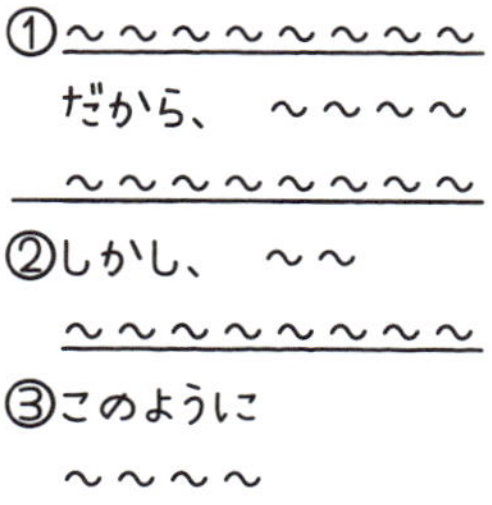
①～～～～～～～～～
だから、 ～～～～
～～～～～～～～～
②しかし、 ～～
～～～～～～～～～
③このように
～～～～

話《はなし》の展開《てんかい》が変《か》わるところが、段落《だんらく》が変《か》わる部分《ぶぶん》だよ。段落《だんらく》に番号《ばんごう》をつけて、物語《ものがたり》のだいたいの流《なが》れをつかもう。

❸ 形容詞《けいようし》を探《さが》そう

うれしい
よろこばしい
小気味よい

「うれしい」「楽《たの》しい」「つまらない」「つらい」など、気持《きも》ちは形容詞《けいようし》で表《あらわ》されるもの。物語《ものがたり》に出《で》てくる形容詞《けいようし》は、要《よう》チェックだよ！気持《きも》ちを表《あらわ》す形容詞《けいようし》をぬき出《だ》したノートをつくるのもいいね。

説明文《せつめいぶん》を読《よ》むと頭《あたま》が止《と》まってしまうときは

たくさん使《つか》おう！

見《み》る力《ちから》

わかる力《ちから》

「物語《ものがたり》を読《よ》むのは好《す》きだけど、説明文《せつめいぶん》が苦手《にがて》」という人《ひと》もいるよね。でもじつは、物語《ものがたり》より説明文《せつめいぶん》のほうがずっとシンプルにわかりやすく書《か》かれているものだよ。話《はなし》に盛《も》り上《あ》がりがないので、読《よ》んでいてつまらなく感《かん》じてしまうのが、苦手《にがて》だと思《おも》う原因《げんいん》かもしれないね。

●知《し》ってる？　三段論法《さんだんろんぽう》

中学《ちゅうがく》の数学《すうがく》で習《なら》う「三段論法《さんだんろんぽう》」という言葉《ことば》は聞《き》いたことある？　中学《ちゅうがく》の数学《すうがく》でも出《で》てくるけど、A・B・Cという事《こと》がらについて、「A＝B、B＝Cならば、A＝C」という結論《けつろん》になるという推理方法《すいりほうほう》だよ。説明文《せつめいぶん》もこれと同《おな》じ。A・B・Cという同《おな》じ事《こと》がらを、言葉《ことば》を言《い》いかえて説明《せつめい》しているだけなんだ。

やってみよう!

1 キーワードをつかもう

文章《ぶんしょう》の中《なか》でくり返《かえ》し出《で》てくる言葉《ことば》を、マークしておこう。何度《なんど》も出《で》てくる言葉《ことば》がキーワード。その説明文《せつめいぶん》のテーマを表《あらわ》しているんだ。キーワードは、ひとつの文章《ぶんしょう》で何回《なんかい》も出《で》てくることが多《おお》いよ。

2 「言《い》いかえ言葉《ことば》」にまどわされない

たとえば、「風車《かざぐるま》がはやく回《まわ》っている」も「風車《かざぐるま》の回転数《かいてんすう》が増《ま》す」も、同《おな》じ事《こと》がらをちがう言《い》い方《かた》にしているだけ。そこに気《き》がつくと、混乱《こんらん》しないですむよ。

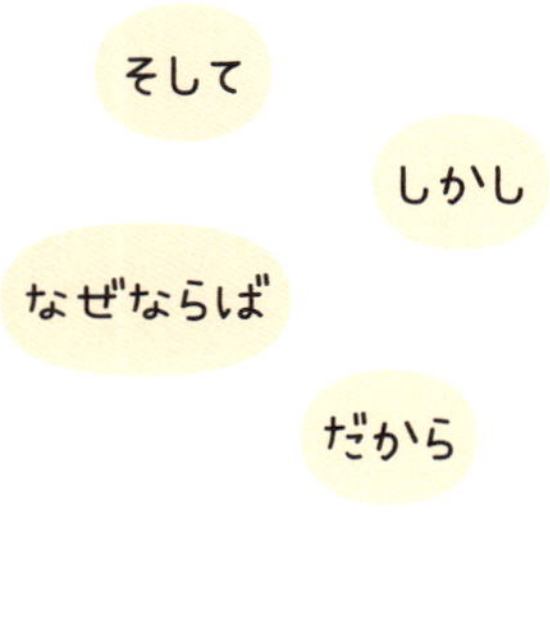

3 接続詞《せつぞくし》をチェック

「そして」「しかし」など、文章中《ぶんしょうちゅう》の接続詞《せつぞくし》をチェックすると、話《はなし》の流《なが》れがつかみやすくなるよ。「なぜならば」の後《あと》には理由《りゆう》が書《か》かれているよ。「つまり」の後《あと》は、前《まえ》の文《ぶん》をよりわかりやすく説明《せつめい》した文章《ぶんしょう》になっているよ。

作文《さくぶん》が上手《じょうず》に書《か》けないときは

たくさん使《つか》おう！

伝《つた》える力《ちから》

吸収《きゅうしゅう》する力《ちから》

ステップ1　たくさんおしゃべりする

身近《みぢか》な人《ひと》に今日《きょう》のできごとを話《はな》すようにしよう。質問《しつもん》してもらって、それに答《こた》えるのもいいね。シンプルにいちばん言《い》いたいことを「伝《つた》える力《ちから》」がきたえられるよ。

ステップ2　1日一文《にちいちぶん》を選《えら》んで暗唱《あんしょう》する

好《す》きな一文《いちぶん》でOK。一文《いちぶん》を暗記《あんき》して口《くち》に出《だ》すことで、自然《しぜん》に言葉《ことば》の使《つか》い方《かた》や文章《ぶんしょう》の仕組《しく》みが身《み》につくよ。

家族《かぞく》とたくさん話《はな》す人《ひと》ほど、作文《さくぶん》が上手《じょうず》になるよ。

暗唱《あんしょう》するときは「は」「が」「を」など助詞《じょし》を意識《いしき》しよう。

ステップ3

3行《ぎょう》ぐらいの文章《ぶんしょう》を書《か》いてみよう

「昨日《きのう》は○○をした。今日《きょう》は○○をする。明日《あした》は○○をするつもりだ」など時間《じかん》の流《なが》れに沿《そ》った文章《ぶんしょう》と、「赤《あか》い車《くるま》が停《と》まっている。その後《うし》ろに白《しろ》い家《いえ》がある。空《そら》に鳥《とり》が飛《と》んでいる」など目《め》の前《まえ》の風景《ふうけい》を実《じっ》きょう中《ちゅう》けいする文章《ぶんしょう》を書《か》いてみよう。

短《みじか》くていいから、日記《にっき》を書《か》くこともおすすめだよ。

ステップ4

作文《さくぶん》を書《か》いてみよう

書《か》く前《まえ》に、内容《ないよう》をいったん口《くち》に出《だ》して話《はな》してみよう。イメージがわくので、スムーズに文章《ぶんしょう》がつくれるようになるよ。「人《ひと》に話《はな》すように書《か》く」ことは、作家《さっか》さんたちも使《つか》っているテクニックだよ！

ひとつの文《ぶん》は、短《みじか》めにするといいよ！

算数《さんすう》 ……

計算《けいさん》のミスが多《おお》い、解《と》くのがおそいときは

足《た》し算《さん》や引《ひ》き算《ざん》、かけ算《ざん》、わり算《ざん》も、円周率《えんしゅうりつ》も図形《ずけい》の面積《めんせき》の公式《こうしき》も、算数《さんすう》は決《き》まりごとを真《ま》面目《じめ》に守《まも》ることから始《はじ》まるよ。

計算《けいさん》ミスが多《おお》い、解《と》くのがおそいときこそ、「急《いそ》がば回《まわ》れ」。

1日《にち》一問《いちもん》でもいいからかんたんな問題《もんだい》をくり返《かえ》し解《と》いて計算《けいさん》に慣《な》れよう。

(例《れい》)

30 ＋ 60 ÷ 3 × 4 ＝ 110

↓

とちゅうの式《しき》を真面目《まじめ》に書《か》く

30 ＋ 60 ÷ 3 × 4 ＝ 30 ＋ 20 × 4
＝ 30 ＋ 80
＝ 110

計算《けいさん》するときに重要《じゅうよう》な決《き》まりごとをしっかり覚《おぼ》えられる！

（＋－と×÷が混《ま》ざった計算《けいさん》は、かけ算《ざん》またはわり算《ざん》を先《さき》に計算《けいさん》してから最後《さいご》に足《た》し算《ざん》または引《ひ》き算《ざん》をする）

たくさん使《つか》おう！

やってみよう！

1 ルールブックをつくってみよう

教科書《きょうかしょ》を見《み》てみよう。赤線《あかせん》で囲《かこ》まれたり、「まとめ」と書《か》かれたりしている部分《ぶぶん》が算数《さんすう》の重要《じゅうよう》な「決《き》まりごと（法則《ほうそく》）」だよ。これだけを書《か》き出《だ》して、しっかり頭《あたま》に入《い》れよう。

2 とちゅうの式《しき》こそ大事《だいじ》！

わからない問題《もんだい》は、答《こた》えを見《み》ながら問題《もんだい》の最初《さいしょ》からとちゅうの式《しき》も全部《ぜんぶ》書《か》き写《うつ》そう。「算数《さんすう》の決《き》まりごとはこういう風《ふう》に使《つか》えばいいんだな」と手順《てじゅん》がわかるよ。

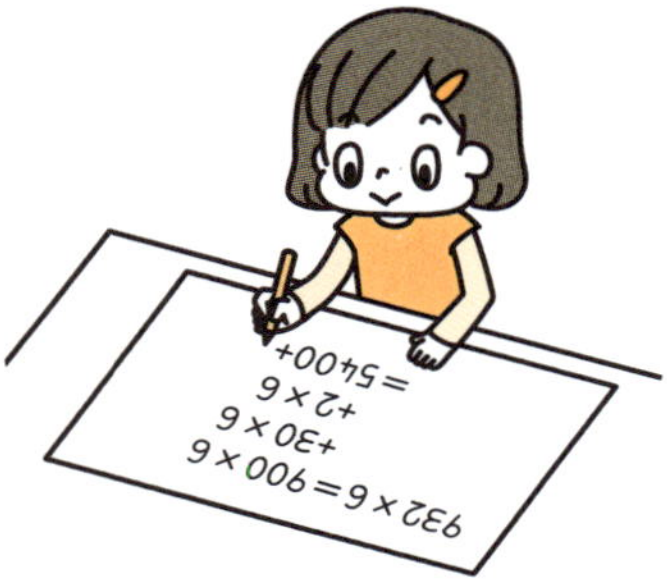

3 大《おお》きな紙《かみ》で計算《けいさん》しよう

計算練習《けいさんれんしゅう》をするときは、大《おお》きな紙《かみ》を使《つか》おう。細《こま》かい部分《ぶぶん》までよく見《み》えると、頭《あたま》に入《はい》りやすく、まちがえにくいよ。だんだん「ここは省略《しょうりゃく》できるな」とわかって、早《はや》く計算《けいさん》できるようになるよ。

文章題《ぶんしょうだい》から計算式《けいさんしき》を立《た》てられないときは

問題文《もんだいぶん》から情報《じょうほう》を整理《せいり》して、計算式《けいさんしき》をつくって答《こた》えを出《だ》すのが文章題《ぶんしょうだい》。式《しき》を作《つく》るために必要《ひつよう》なことは、全部《ぜんぶ》問題文《もんだいぶん》に書《か》いてあるんだ。

まず問題《もんだい》の文章《ぶんしょう》を正《ただ》しく理解《りかい》することが必要《ひつよう》だよ。そのためには、**問題文《もんだいぶん》を頭《あたま》に入《い》れる、つまり暗唱《あんしょう》することが、正解《せいかい》の近道《ちかみち》。**家《いえ》なら声《こえ》に出《だ》して、学《がっ》校《こう》やテスト中《ちゅう》なら頭《あたま》の中《なか》で自分《じぶん》の声《こえ》を聞《き》くイメージで、問題文《もんだいぶん》をしっかり読《よ》んで、覚《おぼ》えよう。問題文《もんだいぶん》を読《よ》むときは、**「が」「に」「と」「を」「から」など、言葉《ことば》と言葉《ことば》をつなぐ助詞《じょし》に気《き》をつけると、問題文《もんだいぶん》の意味《いみ》が正確《せいかく》にわかる**よ。

次《つぎ》は、問題《もんだい》に出《で》てきた数字《すうじ》などの情報《じょうほう》を全部《ぜんぶ》入《い》れて、図《ず》で表《あらわ》してみよう。問題《もんだい》の意味《いみ》がわかり、解《と》くための計算式《けいさんしき》がイメージできるようになるよ。

たくさん使《つか》おう！
聞《き》く力《ちから》
吸収《きゅうしゅう》する力《ちから》
わかる力《ちから》

やってみよう！

1 問題文《もんだいぶん》を暗唱《あんしょう》しよう

問題《もんだい》 つるとかめが合《あ》わせて100ぴきいます。足《あし》の数《かず》は合《あ》わせて268本《ぼん》です。つるとかめは、何《なん》びきずついますか？

2 問題文《もんだいぶん》を図《ず》にしてみよう

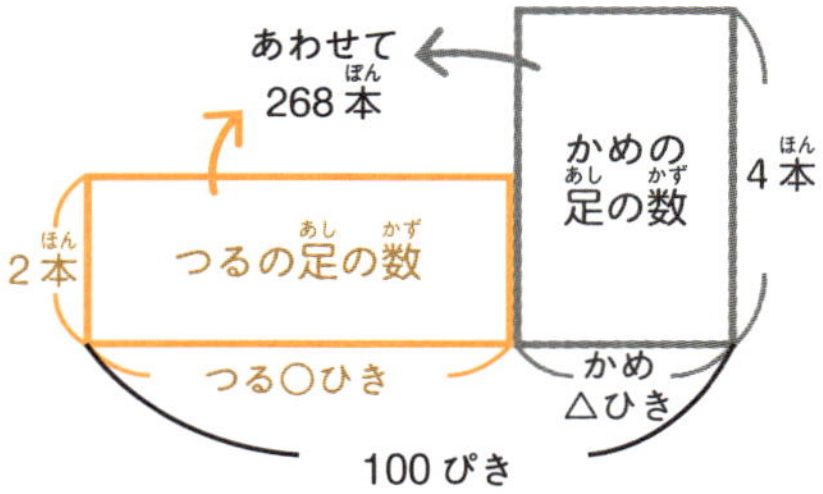

つるを○ひき、かめを△ひきとして、合《あ》わせて100になることをよこの線《せん》で表《あらわ》そう。足《あし》の数《かず》はたての線《せん》で表《あらわ》し、この長方形《ちょうほうけい》の面《めん》積《せき》を、足《あし》の数《かず》に置《お》きかえてみよう。

↓

オレンジ色《いろ》の長方形《ちょうほうけい》Ⓐの面積《めんせき》を出《だ》してみよう。

[Ⓐの面積《めんせき》]

たて2×よこ100=200

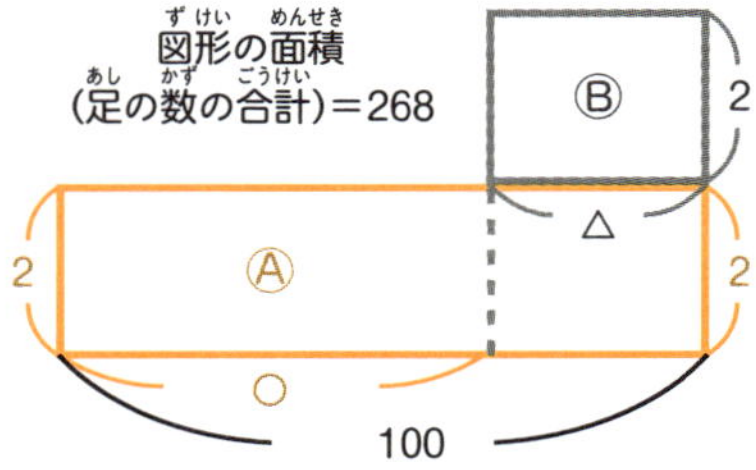

↓

その次《つぎ》にⒷの面積《めんせき》を出《だ》してみよう

[Ⓑの面積《めんせき》]

全体《ぜんたい》の面積《めんせき》268 − Ⓐの面積《めんせき》200 ＝ 68

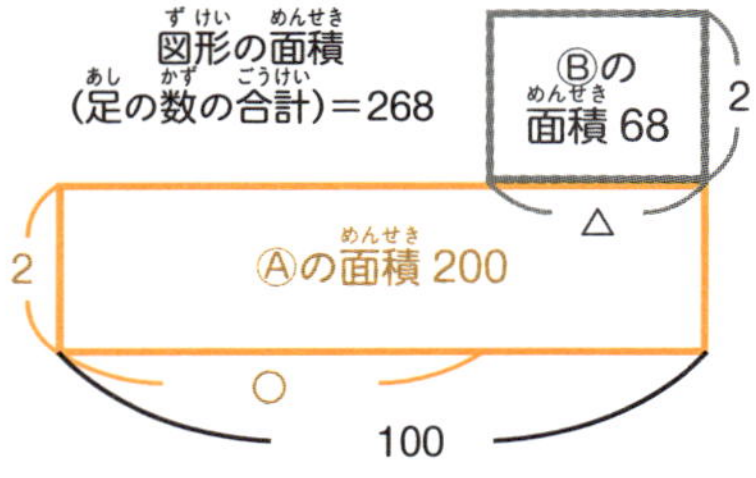

↓

△（かめの数《かず》）は、2×△＝68　△＝34

つるの数《かず》は、100 − 34 ＝ 66

答《こた》え [つる66ひき、かめ34ひき]

算数《さんすう》

図形問題《ずけいもんだい》を解《と》く手《て》がかりをつかめないときは

たとえば、「四角形《しかくけい》の面積《めんせき》を求《もと》めなさい」という問題《もんだい》では、その四角形《しかくけい》が正方形《せいほうけい》なのか、台形《だいけい》なのかで使《つか》う計算式《けいさんしき》はちがうよね。図形《ずけい》の問題《もんだい》では、図《ず》の形《かたち》を正《ただ》しく見《み》ることがいちばん大事《だいじ》。正三角形《せいさんかくけい》と二等辺三角形《にとうへんさんかくけい》ではどんなちがいがあるかなど、形《かたち》の特《とく》ちょうをきちんとつかんでおこう。

おもしろい！

ピタゴラスの定理《ていり》

直角三角形《ちょっかくさんかくけい》の斜辺《しゃへん》〈c〉の２乗《じょう》（同《おな》じ数《かず》をかけた数《かず》）は、他《ほか》の２辺《へん》〈a・b〉の２乗《じょう》を足《た》したものに等《ひと》しい……文章《ぶんしょう》にするとチンプンカンプンだけど、これは中学生《ちゅうがくせい》で習《なら》う「ピタゴラスの定理《ていり》」。図形《ずけい》の計算《けいさん》だけでなく、スマートフォンやカーナビなど、身近《みぢか》な物《もの》にも活用《かつよう》されている定理《ていり》だよ。調《しら》べてみよう！

ピタゴラスの定理《ていり》の図式《ずしき》

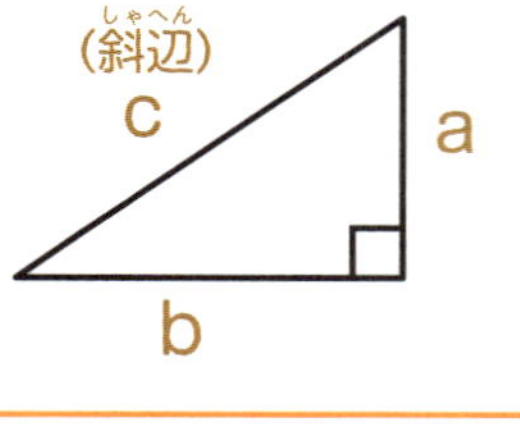

$$c^2 = a^2 + b^2$$

たくさん使《つか》おう！

見《み》る力《ちから》

動《うご》く力《ちから》

わかる力《ちから》

やってみよう！

❶ 垂直線《すいちょくせん》を引《ひ》こう

三角形《さんかくけい》も四角形《しかくけい》も、円柱《えんちゅう》も角柱《かくちゅう》も、新《あたら》しい図形《ずけい》を知《し》ったら角度《かくど》や辺《へん》の長《なが》さを計《はか》ったり、垂直線《すいちょくせん》や補助線《ほじょせん》を引《ひ》いてみよう。「見《み》る力《ちから》」の働《はたら》きが高《たか》まって、図形《ずけい》の特《とく》ちょうがハッキリわかるようになるよ。

❷ 中心点《ちゅうしんてん》・半径《はんけい》・直径《ちょっけい》をおさえよう

円《えん》や円柱《えんちゅう》には、中心点《ちゅうしんてん》と半径《はんけい》や直径《ちょっけい》を書《か》きこもう。円同士《えんどうし》が重《かさ》なったりしてややこしい形《かたち》になっている問題《もんだい》でも、まどわされないよ。たとえばコップなど、身《み》のまわりの丸《まる》いものを見《み》て、中心点《ちゅうしんてん》・半径《はんけい》・直径《ちょっけい》を考《かんが》えてみよう。

❸ 図形《ずけい》の中《なか》に数字《すうじ》を書《か》きこもう

問題文《もんだいぶん》を読《よ》むときと図形《ずけい》を見《み》るときは、脳《のう》の別《べつ》の力《ちから》が働《はたら》いている。2つの力《ちから》をつなげるために、問題文《もんだいぶん》に出《で》てきた数字《すうじ》は図形《ずけい》にどんどん書《か》きこもう。どの数字《すうじ》を使《つか》えば答《こた》えが出《だ》せるか見《み》えてくるよ。問題文《もんだいぶん》に図形《ずけい》が書《か》かれていないときは、自分《じぶん》で図形《ずけい》を書《か》こう。

理《り》科《か》

暗記《あんき》だけでは解《と》けない問題《もんだい》は、どう勉強《べんきょう》したらいい？

理科《りか》は、昔《むかし》の人《ひと》たちが発見《はっけん》した自然《しぜん》の法則《ほうそく》（ルール）を学《まな》ぶ教科《きょうか》なんだ。木《き》からりんごが落《お》ちるのを見《み》て、「引力《いんりょく》」を発見《はっけん》したニュートン、湯船《ゆぶね》からお湯《ゆ》が流《なが》れ出《で》るのを見《み》て「浮力《ふりょく》」を発見《はっけん》したアルキメデスなど、人間《にんげん》は昔《むかし》から身近《みぢか》なところから自然《しぜん》の法則《ほうそく》を発見《はっけん》しているんだよ。暗記《あんき》をする前《まえ》に、そうした人《ひと》たちの**伝記《でんき》を読《よ》むと、仕組《しく》みや成《な》り立《た》ちがわかりやすいよ。**

理科《りか》が苦手《にがて》という人《ひと》は、用語《ようご》があやふやだったり、そもそも国語《こくご》や算数《さんすう》の勉強《べんきょう》が中心《ちゅうしん》で、理科《りか》を勉強《べんきょう》する時間《じかん》が少《すく》ないことも多《おお》いんだ。はじめて見《み》たり聞《き》いたりすることは頭《あたま》に入《はい》りにくいけど、**くり返《かえ》し触《ふ》れることでしっかり覚《おぼ》えられるよ。**

やってみよう！

図《ず》に起《お》こす&くり返《かえ》し触《ふ》れて脳《のう》に「仲よし」と思《おも》わせよう

むずかしい、わからないと感《かん》じたときは、教科書《きょうかしょ》や問題集《もんだいしゅう》の図《ず》や単語《たんご》を、大《おお》きな紙《かみ》に書《か》き写《うつ》してみよう。

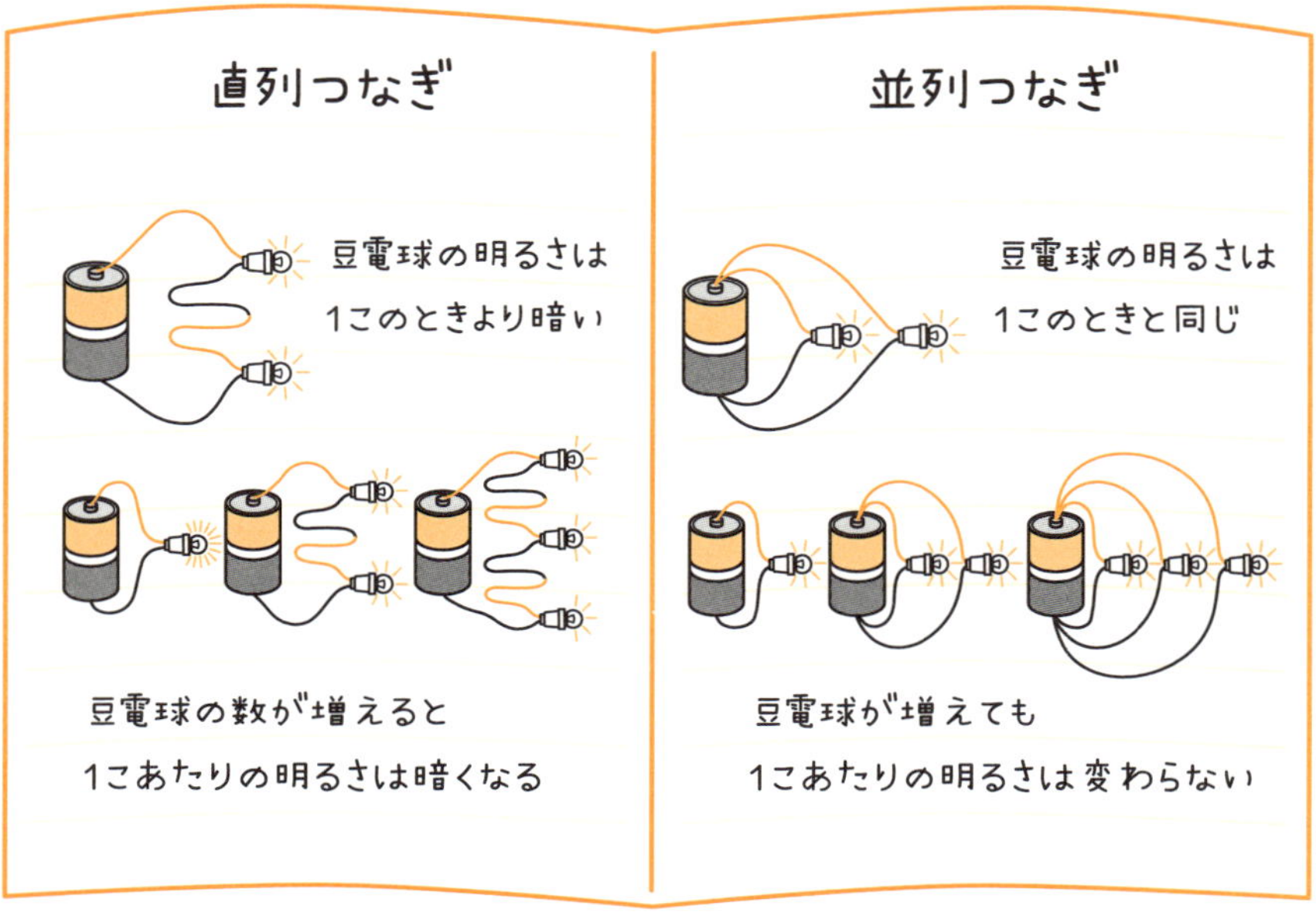

1. 図《ず》といっしょに覚《おぼ》えることを書《か》いて、頭《あたま》に入《い》れよう。
2. 図《ず》を見慣《みな》れてくると、脳《のう》が「仲よし」と判断《はんだん》するよ。すると、絵《え》を見《み》なくても、電球《でんきゅう》の明《あか》るさなどが思《おも》いうかぶようになるよ。
3. 思《おも》いうかんだ内容《ないよう》を説明《せつめい》できれば、バッチリ頭《あたま》に入《はい》った証《しょう》こだよ！

電気《でんき》や空気《くうき》など、目《め》に見《み》えずイメージしづらい

天体《てんたい》、生《い》き物《もの》、電流《でんりゅう》など、理科《りか》ではさまざまなことを勉強《べんきょう》するけれど、じつはふだんの生活《せいかつ》で身近《みぢか》なものばかり。湯船《ゆぶね》に入《はい》ってお湯《ゆ》があふれるのも、スイッチを入《い》れたら電気《でんき》がつくのも、みんな理科《りか》。理科《りか》ほどリアルな教科《きょうか》はないんだよ！　空気《くうき》や電気《でんき》など、目《め》に見《み》えないからむずかしいって思《おも》うかもしれないね。でも、ふだんの生活《せいかつ》で実際《じっさい》に見《み》たり、試《ため》したりできることがたくさんあるから、**できるかぎりたくさん観察《かんさつ》や実験《じっけん》をしてみよう。**

目《め》でよく見《み》て、頭《あたま》の中《なか》でイメージできるようになると、「わかった！」が増《ふ》えていく。「この後《あと》、どうなるんだろう」という想像力《そうぞうりょく》や、「なんでだろう」と疑問《ぎもん》を持《も》つ力《ちから》が育《そだ》つよ。

たくさん使《つか》おう！

- 見《み》る力《ちから》
- 吸収《きゅうしゅう》する力《ちから》
- わかる力《ちから》

やってみよう！

1 よーく見《み》てみよう

天気《てんき》や星空《ほしぞら》、生《い》き物《もの》など、自分《じぶん》の身《み》のまわりで観察《かんさつ》できるものはじっくり見《み》てみよう。正確《せいかく》に覚《おぼ》えられるよ。実際《じっさい》に見《み》られないものは図鑑《ずかん》でもいいね！

2 「同《おな》じ」と「ちがう」を探《さが》そう

水《みず》を凍《こお》らせたり熱《ねっ》したりしてみよう。体積《たいせき》（かさ）や重《おも》さはどう変《か》わるかな？

3 変化《へんか》をさかのぼって思《おも》い出《だ》してみよう

水《みず》を凍《こお》らせたり熱《ねっ》したりしたとき、頭《あたま》の中《なか》でカメラを回《まわ》すように、変化《へんか》をさかのぼって思《おも》い出《だ》してみよう。見《み》る力《ちから》だけでなく、吸収《きゅうしゅう》する力《ちから》やわかる力《ちから》も高《たか》まるよ。

地《ち》図《ず》が覚《おぼ》えられないときは

47都道府県《とどうふけん》や世界《せかい》の国《くに》ぐに……社会科《しゃかいか》の地理《ちり》は、とにかくたくさん地名《ちめい》が出《で》てきて覚《おぼ》えられない！　そんなときは、いちばん記《き》おくしている**自分《じぶん》の家《いえ》からスタートして、近所《きんじょ》を歩《ある》いてみよう。歩《ある》きながら確認《かくにん》すると覚《おぼ》えやすい**よ。まずは、自分《じぶん》がいる場所《ばしょ》の方向《ほうこう》をつかむことからスタート。今《いま》、きみがいるところから、東西南北《とうざいなんぼく》はそれぞれどの向《む》きかな？　富士山《ふじさん》はどっちかな？　アメリカは？　日《ひ》がのぼる方向《ほうこう》としずむ方向《ほうこう》も、いっしょに確《たし》かめよう。**地理《ちり》が得意《とくい》になると、「並列思考《へいれつしこう》（物事《ものごと》をならべて同時《どうじ》に考《かん》える力《ちから》）」が育《そだ》つんだ。**この力《ちから》がきたえられると、**いろんなことをいっぺんに考《かん》えたり、できるようになるんだよ！**

たくさん使《つか》おう！

やってみよう！

①「自分《じぶん》の家《いえ》」からスタート！

自分《じぶん》の住《す》んでいる地域《ちいき》の地図《ちず》を用意《ようい》して、学校《がっこう》や畑《はたけ》など近所《きんじょ》にあるものを地図記号《ちずきごう》で表《あらわ》してみよう。よく知《し》っているものから書《か》いていくと、覚《おぼ》えやすいよ。

②自分《じぶん》で地図《ちず》を書《か》いてみよう

はじめに日本《にほん》の形《かたち》だけを書《か》き、「青森《あおもり》はここ」「秋田《あきた》はこんな形《かたち》」と、確認《かくにん》しながら県境《けんざかい》の線《せん》や県名《けんめい》を書《か》きこんでいこう。「見《み》る力《ちから》」「動《うご》く力《ちから》」が協力《きょうりょく》し合《あ》うことで、覚《おぼ》えやすくなるよ。

③体験《たいけん》したことを書《か》きこもう

地図《ちず》には、旅行《りょこう》で行《い》った場所《ばしょ》や経験《けいけん》したことやご当地名産品《とうちめいさんひん》を書《か》きこもう。さらに記《き》おくに残《のこ》りやすくなるよ。

社会《しゃかい》

歴史《れきし》は細《こま》かい暗記《あんき》が多《おお》くて、混乱《こんらん》してしまうときは

歴史《れきし》は、何千年《なんぜんねん》、何百年《なんびゃくねん》も大昔《おおむかし》のことを勉強《べんきょう》するけど、覚《おぼ》えることが多《おお》すぎるし、昔《むかし》のことなんて想像《そうぞう》がつかない……そう思《おも》うかもしれないね。

歴史《れきし》は、自分《じぶん》が存在《そんざい》しなかった昔《むかし》のことでも「リアルだな」と思《おも》えることを探《さが》すと、覚《おぼ》えやすいよ。大昔《おおむかし》のことからスタートするのではなく、現代《げんだい》からさかのぼってみよう。「令和《れいわ》の前《まえ》はどんな時代《じだい》だったんだろう」「今《いま》は給食《きゅうしょく》を食《た》べるけど、昔《むかし》の人《ひと》は何《なに》を食《た》べていたのかな」と考《かんが》える力《ちから》も使《つか》おう。

歴史《れきし》を勉強《べんきょう》すると「直列思考《ちょくれつしこう》（つなげて順番《じゅんばん》に考《かんが》える力《ちから》）」が育《そだ》つんだ。時間《じかん》や流《なが》れを追《お》って、ひとつずつ筋道《すじみち》を立《た》てて考《かんが》えていける力《ちから》が身《み》につき、算数《さんすう》の文章題《ぶんしょうだい》や国語《こくご》の説明文《せつめいぶん》も得意《とくい》になっていくよ。

たくさん使《つか》おう！

- 吸収《きゅうしゅう》する力《ちから》
- わかる力《ちから》
- 考《かんが》える力《ちから》

やってみよう！

1 親《おや》や祖父母《そふぼ》の時代《じだい》の歴史《れきし》を調《しら》べよう

自分《じぶん》の親《おや》やおじいちゃんおばあちゃん、ひいおじいちゃんやひいおばあちゃんがどこで生《う》まれて、生《う》まれたころはどんなできごとがあったか調《しら》べてみよう。

2 歴史《れきし》をさかのぼって年表《ねんぴょう》をつくってみよう

「今《いま》は内閣《ないかく》が国《くに》をまとめているけど、昔《むかし》はだれがまとめていたんだろう」など今《いま》と昔《むかし》のちがい、「この戦争《せんそう》が起《お》きたのはどうしてかな」などできごとの原因《げんいん》を考《かんが》える力《ちから》が働《はたら》くよ。

3 気《き》になる人物《じんぶつ》の時代《じだい》から覚《おぼ》えよう

「カッコイイ！素敵《すてき》！」と感《かん》じた歴史上《れきしじょう》の人《じん》物《ぶつ》や、地元《じもと》の有名人《ゆうめいじん》など興味《きょうみ》を持《も》った人物《じんぶつ》とその時代《じだい》を調《しら》べてみよう。「気持《きも》ちを知《し》る力《ちから》」が働《はたら》き、覚《おぼ》えやすくなるよ。

社会《しゃかい》 ……

公民《こうみん》の用語《ようご》がむずかしくて、丸暗記《まるあんき》にたよってしまうときは

用語《ようご》のひとつひとつはむずかしいかもしれないけれど、毎日《まいにち》の暮《く》らしの仕《し》組《く》みや成《な》り立《た》ちがわかるのが公民《こうみん》。憲法《けんぽう》や政治《せいじ》の用語《ようご》はリアルに感《かん》じられないかもしれないけれど、**覚《おぼ》える前《まえ》に「なんでそうなっているんだろう?」と考《かんが》えてみよう。すると、仕組《しく》みや用語《ようご》が頭《あたま》に入《はい》りやすくなるよ。**子《こ》ども向《む》けにわかりやすく解説《かいせつ》した新聞《しんぶん》やニュースを見《み》てもいいね。おうちの人《ひと》といっしょに見《み》て、「なんで?」と思《おも》うことを話《はな》し合《あ》ってみよう。

「なぜ?」「どうして?」を見《み》つける思考力《しこうりょく》は、中高生《ちゅうこうせい》になってからの勉強《べんきょう》や、大人《おとな》になってから、いろいろなところでとっても役立《やくだ》つよ!

たくさん使《つか》おう!
吸収《きゅうしゅう》する力《ちから》
わかる力《ちから》
考《かんが》える力《ちから》

やってみよう！

暮《く》らしの「なんで？」をたくさん見《み》つけよう

本体価格《ほんたいかかく》100円《えん》・
税《ぜい》こみ108円《えん》のおかし

なんで100円《えん》で
買《か》えないの？

税金《ぜいきん》がかかる
からだよ

他《ほか》にどんな
税金《ぜいきん》がある？

税金《ぜいきん》を集《あつ》めて
どうするの？

だれが税金《ぜいきん》を集《あつ》める
って決《き》めたの？

国会議員《こっかいぎいん》だよ

国会議員《こっかいぎいん》て？

何人《なんにん》いるの？

国会議員《こっかいぎいん》には
どうやってなれるの？

選挙《せんきょ》だよ

わたしも国会議員《こっかいぎいん》に
なれる？

ほかにどんな
仕事《しごと》をしてるの？

法律案《ほうりつあん》を
つくるよ

なんでその法律《ほうりつ》が
必要《ひつよう》なの？

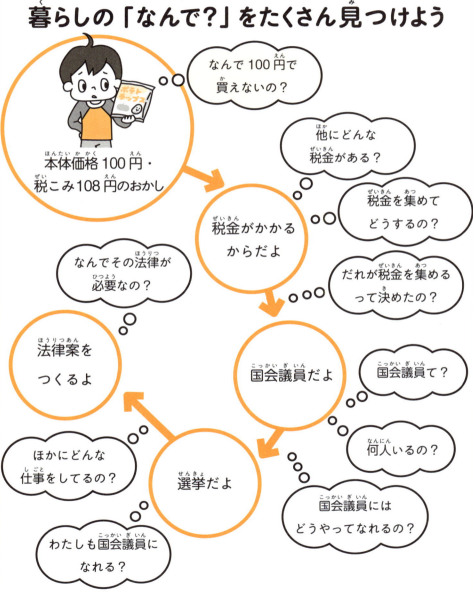

英語《えいご》の勉強《べんきょう》はどうしたらいい？

「りんご」は英語《えいご》で「apple」。では「きゅうり」に英語《えいご》で？……正解《せいかい》は、「cucumber」。「apple」はパッと頭《あたま》にうかんでも、「cucumber」はなかなか頭《あたま》にうかばないかもしれないね。日本《にほん》にいると「apple」は「アップルジュース」「アップルパイ」など、ふだんの生活《せいかつ》でよく目《め》にするし、使《つか》う単語《たんご》だけど、「cucumber」はなかなか見《み》ないし使《つか》わない。親密度《しんみつど》が低《ひく》い単語《たんご》なんだ。

英語《えいご》を身《み》につけるポイントは、英語《えいご》をくり返《かえ》したくさん使《つか》い、親密度《しんみつど》を上《あ》げること。すると、すぐ思《おも》い出《だ》せたり、使《つか》えるようになるよ。歌《うた》や絵本《えほん》など、**自分《じぶん》が「おもしろそう、好《す》き」と感《かん》じる英語《えいご》を選《えら》ぶことがポイントだよ。**興《きょう》味《み》のない単語《たんご》だと親密度《しんみつど》が上《あ》がらないからね。

たくさん使《つか》おう！
聞《き》く力《ちから》
伝《つた》える力《ちから》
吸収《きゅうしゅう》する力《ちから》

聞《き》くこと（リスニング）を得意《とくい》にするには？

好《す》きな英語《えいご》の曲《きょく》を耳《みみ》で聞《き》いて覚《おぼ》え、そらで歌《うた》おう。「きちんと発音《はつおん》しなきゃ」と考《かんが》えずに、聞《き》こえた通《とお》りに歌《うた》えばOK。よく聞《き》いて、そらで歌《うた》えるようになることで、英語《えいご》を覚《おぼ》えて理解《りかい》し、自然《しぜん》に話《はな》せる土台《どだい》がつくられるんだ。「聞《き》く力《ちから》」だけでなく「動《うご》く力《ちから》」も働《はたら》かせ、大《おお》きく口《くち》を動《うご》かして声《こえ》を出《だ》そう。

そらで歌《うた》えるようになったら、歌詞《かし》を見《み》てみよう。日本語《にほんご》に訳《やく》した歌詞《かし》をいっしょに読《よ》むと、意味《いみ》もわかって一石二鳥《いっせきにちょう》だよ。

やってみよう！

Twinkle, twinkle, little star, How I wonder what you are!

好《す》きな英語《えいご》の曲《きょく》をそらで歌《うた》おう

読《よ》むこと（リーディング）を得意《とくい》にするには？

「見《み》る力《ちから》」が強《つよ》いタイプは、英語《えいご》の曲《きょく》を聞《き》くときに最初《さいしょ》から歌詞《かし》もいっしょに見《み》るようにするといいね。

家《いえ》の中《なか》にある物《もの》に書《か》いてある英語《えいご》を探《さが》して、書《か》き取《と》ったり、意味《いみ》を調《しら》べてみたりするのもおすすめだよ。たとえば野球《やきゅう》が好《す》きな人《ひと》は、野球《やきゅう》用語《ようご》の英単語《えいたんご》を調《しら》べて単語帳《たんごちょう》をつくるなど、自《じ》分《ぶん》の興味《きょうみ》のある事《こと》がらから始《はじ》めると、どんどん頭《あたま》に入《はい》っていくよ。

やってみよう！

英語《えいご》の曲《きょく》の歌詞《かし》カードを見《み》ながら覚《おぼ》えよう

●話《はな》すこと（スピーキング）と書《か》くこと（ライティング）を得意《とくい》にするには？

日本語《にほんご》は主語《しゅご》が省略《しょうりゃく》されることが多《おお》いけど、英語《えいご》の会話《かいわ》は「I like～」「I am～」など、「I（私《わたし》は）」から始《はじ》まることが多《おお》いんだ。**「I」で始《はじ》まる短《みじか》い日記《にっき》を1日一文《にちいちぶん》、話《はな》したり書《か》いてみよう。** **話《はな》すときは、発音《はつおん》を気《き》にしすぎない**ようにしよう。「伝《つた》える力《ちから》」と「動《うご》く力《ちから》」がうまく協力《きょうりょく》できなくなってしまうよ。「伝《つた》えたい」という気持《きも》ちがあれば、ちゃんと相手《あいて》に通《つう》じるものだから、気《き》にせずにね。

やってみよう！

「I（私《わたし》は）」から始《はじ》まる短《みじか》い文章《ぶんしょう》を1日一文《にちいちぶん》、書《か》いてみよう

テストでいい点《てん》、取《と》りたいな！

Q

もっとも点数《てんすう》が取《と》れる、テストの解《と》き方《かた》は？

◀3つの中《なか》から選《えら》んでね。

❶最初《さいしょ》の問題《もんだい》から順番《じゅんばん》に解《と》く。

❷1問《もん》の点数《てんすう》が高《たか》い問題《もんだい》は得点《とくてん》できるようにとくに時間《じかん》をかける。

❸最初《さいしょ》の3分間《ぷんかん》は問題《もんだい》を解《と》かない。

←●● 答《こた》えは次《つぎ》のページ

A 最初《さいしょ》の3分間《ぷんかん》は問題《もんだい》を解《と》かない。

テストで点数《てんすう》を上《あ》げるには、まず「できる問題《もんだい》にきちんと正解《せいかい》する」こと。「はじめ」と言《い》われたらすぐに問題《もんだい》を解《と》きたくなるものだけど、その気持《きも》ちをグッとこらえて、**どの問題《もんだい》にどれくらいの時間《じかん》をかけるか計画《けいかく》しよう。**とちゅうで時間《じかん》が足《た》りなくなってあわてたり、むずかしい問題《もんだい》に時間《じかん》をかけすぎて、解《と》けるはずの問題《もんだい》を白紙《はくし》で終《お》えてしまうことを防《ふせ》げるよ。

国語《こくご》は長文《ちょうぶん》を読《よ》んで答《こた》える試験《しけん》も多《おお》いから、日《ひ》ごろから自分《じぶん》が読《よ》むペースをつかんでおくことも大事《だいじ》だよ。

やってみよう!

50分《ぷん》のテストなら「3分《ぷん》+40分《ぷん》+7分《ふん》」に分《わ》けよう

算数《さんすう》のテストを例《れい》に、時間配分《じかんはいぶん》のやり方《かた》を考《かんが》えてみよう。

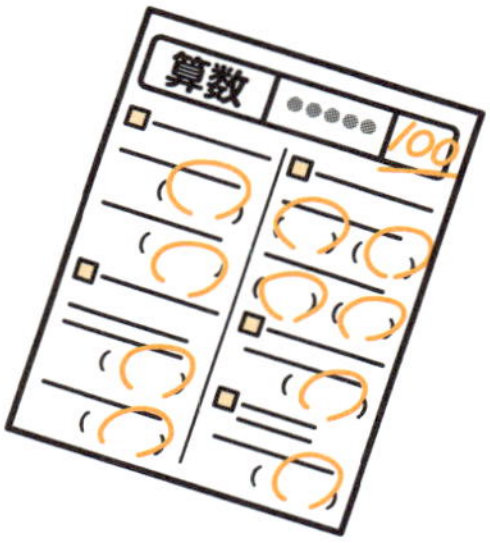

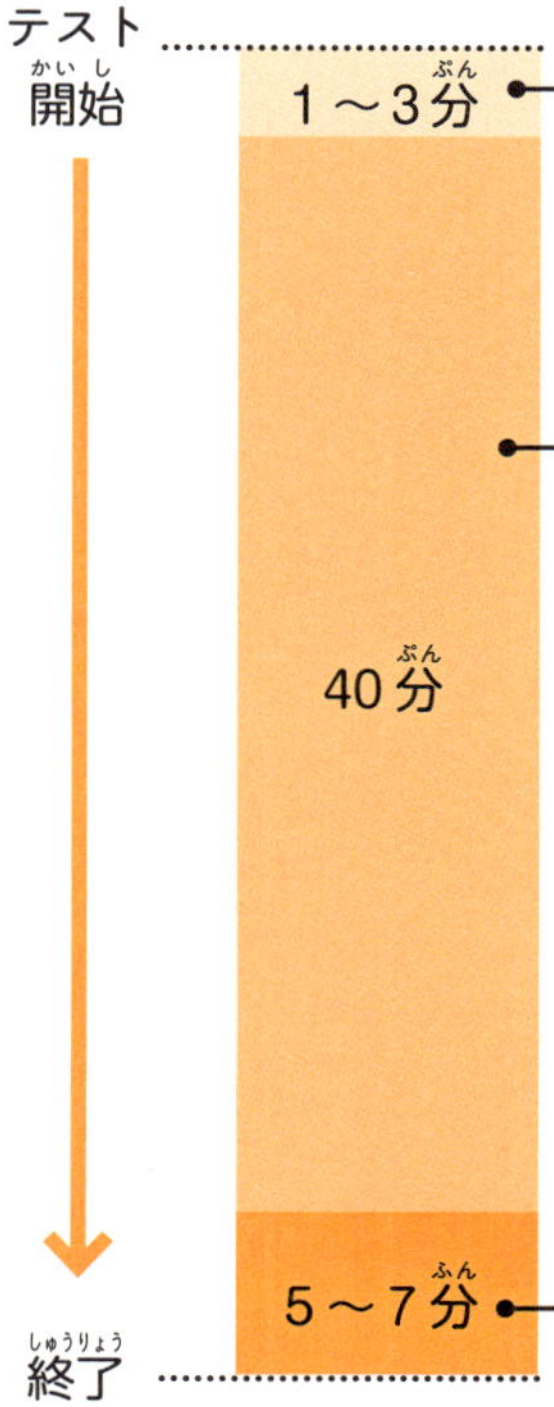

❶ 時間配分《じかんはいぶん》を決《き》める

最初《さいしょ》の1~3分間《ぷんかん》

自分《じぶん》が確実《かくじつ》に解《と》ける問題《もんだい》を見《み》つけ、どの問題《もんだい》にどれぐらいの時間《じかん》をかけるかを決《き》めよう。

❷ 実際《じっさい》に問題《もんだい》を解《と》く

次《つぎ》の40分間《ぷんかん》

テストでは、計算《けいさん》などの基本的《きほんてき》な問題《もんだい》と、文《ぶん》章題《しょうだい》などの応用問題《おうようもんだい》というつくりになっていることが多《おお》いよ。計算問題《けいさんもんだい》は日《ひ》ごろから速《はや》く正確《せいかく》に解《と》く練習《れんしゅう》をしておこう。

❸ 見直《みなお》しの時間《じかん》

最後《さいご》の5~7分間《ふんかん》

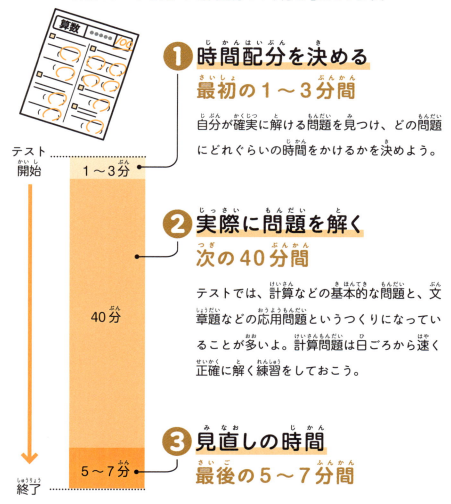

もくじを覚《おぼ》えると点数《てんすう》がアップする！

「頭《あたま》が悪《わる》いからテストの点数《てんすう》が悪《わる》い」と考《かんが》えるのはまちがいだよ。多《おお》くの人《ひと》は「必要《ひつよう》な情報《じょうほう》を、脳《のう》からスピーディに引《ひ》き出《だ》せていないだけ」なんだ。

テストの時間配分《じかんはいぶん》をするときは、その問題《もんだい》が何《なに》について質問《しつもん》しているかを、きちんとつかみ取《と》ることが必要《ひつよう》だよ。教科書《きょうかしょ》やドリルのもくじには、何《なに》について勉強《べんきょう》するかという単元《たんげん》がまとめて書《か》いてあるよね。この単語《たんご》をしっかり頭《あたま》に入《い》れておくことが、じつはとっても大事《だいじ》なんだ。遠回《とおまわ》りのようだけど、まず**全体像《ぜんたいぞう》をつかむと、細《こま》かいことも覚《おぼ》えたり理解《りかい》しやすくなるんだ。**教科《きょうか》書《しょ》やドリルのもくじをコピーして、机《つくえ》の上《うえ》などふだんからよく目《め》に入《はい》る場所《ばしょ》にはっておくと、記《き》おくしやすいよ。

やってみよう！

もくじのコピーをはっておこう

時間配分《じかんはいぶん》をするときに、「この分野《ぶんや》から出題《しゅつだい》されている」とわかれば、脳《のう》からその情報《じょうほう》が引《ひ》き出《だ》しやすくなる！
出題《しゅつだい》はんいが広《ひろ》い入学試験《にゅうがくしけん》などでとくに役《やく》に立《た》つよ。

「わからないところ」を見《み》つけられたらすごい！

実際《じっさい》に問題《もんだい》を解《と》くときは、できない問題《もんだい》はいつまでも考《かんが》えないようにしよう。スパッとあきらめて、次《つぎ》の問題《もんだい》に移《うつ》ること。そうしないと、できるはずだった問題《もんだい》までたどり着《つ》けなくなってしまうからね。

単元《たんげん》がしっかり頭《あたま》に入《はい》っていれば、必要《ひつよう》な情報《じょうほう》が脳《のう》からスピーディに送《おく》られるだけでなく、時間配分《じかんはいぶん》をするときに「この問題《もんだい》はできそうだ」「ここは苦手《にがて》な分野《ぶんや》だから後回《あとまわ》しにしよう」と見当《けんとう》をつけられるようになるよ。こうしたことをくり返《かえ》すうちに、脳《のう》の処理《しょり》スピードもグンとアップするんだ！

でも、テスト本番《ほんばん》でいきなりやろうとしても、なかなかできないものなんだ。ふだんから、練習《れんしゅう》しておくといいよ。

やってみよう！

❶「できない問題《もんだい》は飛《と》ばす」練習《れんしゅう》をしよう

ドリルや問題集《もんだいしゅう》は、ストップウォッチを使《つか》って、家《いえ》でもテストのように解《と》いてみよう。集中力《しゅうちゅうりょく》が上《あ》がって、できない問題《もんだい》を飛《と》ばしたり、見《み》つける練習《れんしゅう》にぴったりだよ。

❷「わかるレベル」を3つに分《わ》けよう

答《こた》えや解《と》き方《かた》がすぐに思《おも》いうかぶ(0秒《びょう》)、思《おも》い出《だ》すのに少《すこ》し時間《じかん》がかかる(1～5秒《びょう》)、なかなか思《おも》いうかばない(5秒《びょう》以《い》上《じょう》)で、問題《もんだい》を分《わ》ける練習《れんしゅう》をしよう。

ある動物園は、入園料が
大人1人800円、子ども1人
350円です。大人3人と
子ども5人で来たときの
入園料の合計は何円ですか。

❸問題文《もんだいぶん》を書《か》き写《うつ》したり、おんどくや暗唱《あんしょう》しよう

問題文《もんだいぶん》をしっかり頭《あたま》に入《い》れると、早《はや》く正解《せいかい》できるようになるよ！ 国語《こくご》の長文《ちょうぶん》はおんどくしたり、算数《さんすう》の文章題《ぶんしょうだい》は暗唱《あんしょう》して解《と》いてみよう。

テストは見直《みなお》しで頭《あたま》がよくなる！

テストが返《かえ》ってきたら、点数《てんすう》を見《み》ておしまいになっていないかな？　でも**テストを受《う》けた後《あと》こそ、本当《ほんとう》の勉強《べんきょう》のスタート！**　テストは、今《いま》の自分《じぶん》がどこがわからないか確認《かくにん》するためのもので、結果《けっか》をふり返《かえ》ることはとても大切《たいせつ》だよ。まちがえた問題《もんだい》を見直《みなお》すのは、とくに点数《てんすう》が低《ひく》い場合《ばあい》は時間《じかん》がかかるし、気《き》が重《おも》く感《かん》じちゃうけど、**どこをまちがえたか知《し》り、正《ただ》しい答《こた》えを理解《りかい》する時間《じかん》を取《と》ることで、確実《かくじつ》に成績《せいせき》はアップ**するんだ。

見直《みなお》しをするとき、90点《てん》だったら、それはもう１００点間近《てんまぢか》。まちがえた10点《てん》の問題《もんだい》をやり直《なお》せば、すぐに点数《てんすう》が上《あ》がるよ。でも、50点《てん》とか、ちょっと点数《てんすう》が低《ひく》いな……って思《おも》ったときは、正解《せいかい》だった問題《もんだい》も、たまたまできていたってことが多《おお》いんだ。だから、しっかり理解《りかい》する必要《ひつよう》があるんだよ。もう1回《かい》、正解《せいかい》した問題《もんだい》もふくめてすべて解《と》き直《なお》したうえで、まちがえた問題《もんだい》を見直《みなお》ししよう。

おわりに

知《し》るって楽《たの》しい！できるってうれしい！

Q

勉《べん》強《きょう》は、将《しょう》来《らい》なんの役《やく》に立《た》つ？

答《こた》えは次《つぎ》のページ

勉強《べんきょう》は自分《じぶん》の未来《みらい》を切《き》りひらき、夢《ゆめ》をかなえる力《ちから》がつくよ。

「勉強《べんきょう》って、将来《しょうらい》なんの役《やく》に立《た》つんだろう?」みんな、一度《いちど》は考《かんが》えたことがあるんじゃないかな。毎日学校《まいにちがっこう》で授業《じゅぎょう》を受《う》けたり、家《いえ》で勉強《べんきょう》したり、塾《じゅく》に行《い》ったりして、どうしてたくさんの時間《じかん》、勉強《べんきょう》するんだろう?

　これはとてもむずかしい問《と》いだし、100%正《ただ》しい答《こた》えも存在《そんざい》しない。いろいろな考《かんが》え方《かた》があるけど、先生《せんせい》は**「頭《あたま》を働《はたら》かせるため」**と考《かんが》えているよ。頭《あたま》を働《はたら》かせれば、脳《のう》は一生《いっしょう》けん命《めい》に働《はたら》いて成長《せいちょう》する。そして、自分《じぶん》の能力《のうりょく》がアップするんだよ。成績《せいせき》を上《あ》げたり試験《しけん》に合格《ごうかく》したり、「できないことができるようになる」ことは、とても大事《だいじ》だけど、それと同《おな》じくらい、「自分《じぶん》はこれからどうなりたいか、どうしたらできるようになるかを考《かんが》えて、具体《ぐたい》

的《てき》にひとつひとつ試行錯誤《しこうさくご》する」ことも大事《だいじ》なんだ。

勉強《べんきょう》のやり方《かた》は、学校《がっこう》や塾《じゅく》で、座《すわ》りっぱなしで教《おそ》わるだけじゃなくて、歩《ある》きながらやうで立《た》てふせしながらなど、もっともっとたくさんあるよ。自分《じぶん》に合《あ》った勉強法《べんきょうほう》を探《さが》して、自分《じぶん》の力《ちから》をのばしていこう。

学《まな》ぶことが楽《たの》しくなる、とっておきの方法《ほうほう》

自分《じぶん》を好《す》きになる力《ちから》、未来《みらい》の自分《じぶん》を見《み》たい好奇心《こうきしん》を持《も》つと自《おの》ずとやる気《き》がわいてくる。すると自然《しぜん》と学《まな》ぶことも楽《たの》しくなる。

そのためには、「自分《じぶん》はこれができた！」「自分《じぶん》はこうなるんだ！」ということを、どんどん声《こえ》に出《だ》して、自分《じぶん》に聞《き》かせてあげよう。

その回数《かいすう》が多《おお》いほど、やったことに自信《じしん》が持《も》てるようになり、願《ねが》いをかなえたところをくり返《かえ》し想像《そうぞう》するようになるよ。

そうすると、自分《じぶん》で自分《じぶん》の考《かんが》えを実現《じつげん》できる力《ちから》が高《たか》まって、目標実現《もくひょうじつげん》に向《む》けた行動《こうどう》が自然《しぜん》にできるようになっていくんだ。

みんなの力《ちから》を上手《じょうず》に借《か》りよう

もうひとつ、**「教《おし》えてもらったこと」**に気《き》づけると、脳《のう》の力《ちから》はより高《たか》まることも覚《おぼ》えておいてね。

家族《かぞく》や学校《がっこう》の先生《せんせい》、塾《じゅく》の先生《せんせい》、友達《ともだち》……身《み》のまわりのたくさんの人《ひと》に、毎《まい》日《にち》、いろいろなことを教《おそ》わっているよね。それをよく聞《き》いたり見《み》たりすると、記《き》おく力《りょく》、つまり吸収《きゅうしゅう》する力《ちから》は高《たか》まる。新《あたら》しいことがスムーズに覚《おぼ》えられる

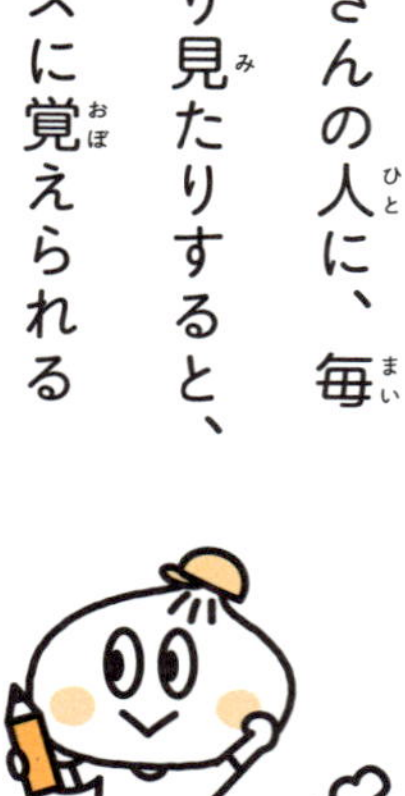

ようになる。毎日《まいにち》の勉強《べんきょう》もそうだし、中学受験《ちゅうがくじゅけん》をする人《ひと》はとくに他《ほか》の人《ひと》のサポートを上手《じょうず》に借《か》りられると、成績《せいせき》ものびやすくなるよ。

勉強《べんきょう》していると、つまづきそうになることがたくさん出《で》てくる。

でも「つまづきそうになる」ことは、「自分《じぶん》が進歩《しんぽ》して成長《せいちょう》しているサイン」だということを忘《わす》れないでね。「できない」「苦手《にがて》」というのは今《いま》だけの状態《じょうたい》で、これも脳《のう》が成長《せいちょう》できるサイン。

脳《のう》は想像以上《そうぞういじょう》に、ふしぎですごい力《ちから》を持《も》っている。新《あたら》しいことを勉強《べんきょう》する力《ちから》を持《も》っている。脳《のう》は生《う》まれてからずっと変《か》わり続《つづ》け、頭《あたま》を使《つか》えば使《つか》うほど成長《せいちょう》する。自分《じぶん》に合《あ》った方法《ほうほう》を見《み》つければ、必《かなら》ず成長《せいちょう》できる！

保護者の方へ

お子さんの頭がもっとよくなるひと言

「あなたは賢いね」

10歳を過ぎると、子どもはこれまで以上に親の言動に影響を受けやすくなります。

そして、親が覚えている以上に、子どもは親の言葉をよく記憶しているものです。

是非、お子さんに、1日1回以上、「あなたは賢いね」と声を掛けてあげてください。


そうすると、お子さんは、自分の賢いところを探し始めます。

だれの脳であっても、脳は自分の賢さを知ってほしいので、喜んでもっと働くようになります。


同時に、親御さんもわが子の賢さを意識して、長所に目が行くようになります。

親子のきずなはこのひと言で深まり、脳が成長します。


わたし自身のことを振り返れば、小学校低学年ではほとんど本が読めず、通知表は、5段階評価で2や3しかありませんでした。このような通知表を見た親は、普通は、わが子がこれから先にどれほど賢くなるかと懸念して、途方に暮れるかもしれません。

しかし、祖母と母は、申し合わせたように、「この子は将来どんな素晴らしい人に成長するかわからない」と希望をもってわたしに接してくれました。

「あなたは賢いね」といつも見守ってくれたのです。

その結果、小学校6年生ではほとんどの成績が5に達して、その後、医師になりました。

学校や塾でのお子さんの成績で、一喜一憂しないでください。

成績は、「脳の賢さ」の絶対指標ではありません。その課題やテスト問題に対する脳の使い方の指標です。テストの点数を上げるには、その問題への脳の使い方を習得することです。

たとえば有名私立中学校の生徒の多くは、同学年の生徒より進んで、1、2年先に習う授業を先んじて勉強をしていることが目立ちます。

つまり、「予習する」ことで、「初見」を少なくしているのです。脳は、初めて見ることより、2回目、3回目の方が、出来事記憶として定着し、一層理解が進みます。すなわち、脳は2回目以降にもっと働きやすくなるのです。

テストの点数や成績を上げたいときは、その問題に対してくり返しの学習が有効です。

一方、「脳の賢さ」は別な意味があります。

目標を達成するために、勉強を進めていく上で自分に合った勉強の仕方を模索し、問題解決することが、本当の意味での脳を使う賢さであり、将来にわたって役立つ力です。

本書を通じて、それぞれのお子さんに、自分に合った勉強法を探し、身につけてほしいと考えます。それは、この先お子さんが、一層、賢脳となり、中学校に進学し、高校・大学や社会に出てからも、一生役立つ勉強法になると確信しています。

脳の学校代表・小児科専門医・医学博士
加藤 俊徳

著者／**加藤俊徳**（かとう・としのり）

株式会社脳の学校代表。小児科専門医。医学博士。加藤プラチナクリニック院長。昭和大学客員教授。米国・ミネソタ大学で脳画像研究に従事。加藤式脳画像診断法を用いて、1万人以上を診断・治療。脳を機能別領域に分類した脳番地トレーニング法を開発。自らの体験からひらがな音読困難症状を改善する「脳活性助詞強調おんどく法」を考案。著書・監修書は『一生頭がよくなり続けるもっとすごい脳の使い方』（サンマーク出版）、『1日1文読むだけで記憶力が上がる！おとなの音読』（きずな出版）、『結局、集中力が9割』（アスコム）など累計300万部を超える。

STAFF

カバーデザイン	鈴木大輔・仲條世菜（ソウルデザイン）
本文デザイン	梅里珠美・亀井文（北路社）
イラスト	小林由枝（熊アート）
校正	株式会社麦秋アートセンター
編集協力	細井秀美
編集	吉村文香

成績が上がる！

10歳からの脳タイプ別勉強法

発行日　2024年12月25日　初版第1刷発行

著　者	加藤俊徳
発行者	岸 達朗
発　行	株式会社世界文化社

〒102-8187
東京都千代田区九段北4-2-29
電話 03-3262-5118（編集部）
03-3262-5115（販売部）

印刷・製本　中央精版印刷株式会社

ISBN978-4-418-24831-5

本の内容に関するお問い合わせは、
以下の問い合わせフォームにお寄せください。
https://x.gd/ydsUz